だいわ文庫

捨てること、離れること

枡野俊明

大和書房

はじめに

「Zen（禅）」という言葉は、今や世界各国どこでも通用する国際語となりました。わたしは海外へ行くときも、寺にいるときと同様、作務衣で出かけます。

空港や街などでその姿に興味をもった方々から、「空手家ですか？」と問われることがよくあります。そのときも「禅僧です」と答えれば、すぐに理解されます。直接「禅僧ですか？」と尋ねられることもしばしばです。

なかでも欧米の方々は、禅に対してとても興味をもっていると実感しています。とくに知識人を中心に、その関心は確実に高まっているように思えます。

これは、そうした方々が近代文明の過度な発展にともなって露見されるようになったさまざまな弊害――たとえば、地球規模の環境問題や急速な情報化社会がもたらす管理社会、コミュニケーションの課題など、現代に生きるわたしたちが抱える多くの問題――について、見直しを迫られる立場にあることと、少なからず関係があるようにわたしには見えます。

人間が人間らしくあることを目指し、自然と人間との根本的な関わり方を問い直すにあたって、彼らが注目したのが禅の思想だったということでしょう。

禅の特徴は「不立文字《ふりゅうもんじ》　教外別伝《きょうげべつでん》　直指人心《じきしにんしん》　見性成仏《けんしょうじょうぶつ》」にあります。これは、「文字や言葉にとらわれることなく、今ここに生きる人間の心そのものを問題にする」という意味です。

読者の皆さんのなかには、体力を維持したい、シェイプアップしたい、ストレスを発散したいなど、さまざまな目的のためにジョギングをしたり、スポーツジムに通ったりして、体のトレーニングに励まれている方が少なくないと思います。

同じように心にもトレーニングが必要です。体と同様、つきすぎた余分な体脂肪を落とし、健やかな心の力を維持し、毎日気分よく過ごすために。

そして禅の修行は、そうした心のトレーニングになります。わたしたち人間はこの世で多くの誘惑にさらされています。知らず知らずのうちに社会の渦に巻き込まれ、誘惑を隣人として暮らすことが日常になってしまいました。

この誘惑はわたしたちの心の内に巣食う「物欲」を刺激します。
たとえば、
人よりも立派な車がほしい――
豪華な家に住みたい――
高級ブランドの素敵な服がほしい――
といったまさしくモノを欲する気持ち。

さらには、
人から羨まれるような暮らしがしたい――
地位やステイタスがほしい――
などと、目には見えないモノまで。

ひとつ手に入ったら満足できるかと思えばそうではなく、誘惑に操られるかのように、「もっと、もっと」と手を伸ばしたくなります。
仏教では、このような自分の心から溢れてくる我欲、その心を煩悩《ぼんのう》と呼びます。

そしてさまざまな誘惑のなかで、自分を束縛している正体もまた煩悩です。結局、ぐるぐると回り回って、自身の煩悩が自分を苦しめているのです。

本来、すべての人間は仏様のような一点の曇りもない心を自己の中心にもっています。しかし我欲や自我が分厚い〝贅肉〟のように美しい心を覆い隠し、己の存在を見えなくさせてしまいます。

一点の曇りもない鏡のような清い心——。

この「本来の自己」に再び出会うために、わたしたちはあらゆる束縛から自由にならなくてはいけません。

もちろん社会に暮らしていれば、心に多少の贅肉がついてしまうのはどうしたって避けられないことです。しかし贅肉を少しでも削ぎ、その奥深くに隠されてしまった本来の清らかな心を探し出す術があります。それが禅の修行であり、その心を日々の暮らしのなかに活かすことが禅の教えです。

そのために本書では、「捨てる」「離れる」といったテーマを取り上げました。

第1部では、わたしが考える捨てたほうがいいもの、離れたほうがいいモノをご紹介したうえで、第2部では、禅の教えをベースに現代社会を生きる「幸福の物差し」をわたしなりにお話ししてみることにしました。

禅には形がありません。人間の心という、目には見えないものを扱う精神的なものであるからです。

ありがたくも本書を手にとってくださった皆さんのお年や経験、そして生活環境はさまざまだと思います。わたしがここで挙げた「捨てるもの」「離れるもの」、そして「幸福の物差し」は、たくさんある心のトレーニングの一例です。

ですから、本書でお話しした内容を足がかりにして、ぜひご自身で清らかな心に再会するために「捨てるもの」「離れるもの」を、日々の暮らしのなかで見つけてみていただければと思います。


禅でいう無心とは、心を無くしてしまうということではなく、心をどこにもおかないということです。

すなわち、何ものにも執《とら》われることなく、心が自由自在でいられることをいいます。この執われのない自由な心で日々を送れるようになると、目に映る景色は大きく変わって見えてくるはずです。

生まれた瞬間からすべての人が死に向かって歩を進めていきます。地位や名声のありなし、お金の多寡に左右されることなく、どんな人でも老いを道連れに、死という最終地点へと向かっていきます。

それがこの世の真理であるのならば、できるかぎり清々しい景色を眺めながら、気分よく人生という道を歩いていきたいと思います。

そんな旅の案内役として、禅の教えが少しでも皆さんのお役にたつとしたら、望外の喜びです。

本書を手にしてくださった皆さんが、自由自在な心で人生の道を歩まれますよう、心から願っています。

合掌

令和6年2月吉日　建功寺方丈にて

枡野俊明

目次

第1部　2章

怯《ひる》まず離れる

第2部 幸福の物差し

第1部　1章

おそれず「捨てる」

喜んで捨てる

見機而作（きをみてなす）

ものごとを成し遂げるには、タイミングを見定める。

捨てたものはまた返ってくる

「身辺整理」という言葉には、どこかもの悲しいイメージをもつ方が少なくないと思います。整理とはいっても、気持ちのうえではそれは「捨てる」のと同様。長い年月をかけて、努力して手に入れてきたものやことを捨てるのは、ここまでやってきた自らの歴史をも捨て去るような切ない気持ちになるのは当然です。

とはいえ自宅の中を見渡してみれば、ものが溢れ、それらに家が占領されていることもまた事実。この置き物は仲良くしていた○○さんからいただいたお土産ですし、この鞄は昇進のお祝いに思い切って買ったものですし、捨てるなんて……。そんなふうに、いただいたもの、使わなくなったものの存在感に押し潰されるように、我が家で肩身狭くお暮らしの方もおられるのではないでしょうか。

ところであなたは、お正月にお寺や神社に初詣に出かけられた際、お賽銭箱にどんなふうにお賽銭を入れていますか？　そっとお賽銭箱に入れる方もいれば、ぽーんと投げて入れる方もおられると思います。

お賽銭は、勢いよく投げ入れるのが正しい方法です。

お布施のことを「喜捨《きしゃ》」ともいいます。読んで字のごとく、喜んで捨てるという意味です。そっと入れるのがよろしくないとされているのは、お賽銭から手を離すのをためらう振る舞いで、もったいないという気持ちの表れであると考えられるから。その**もったいない気持ちこそが「執着」です**。執着を断ち切るために、ぽーんと投げ入れる。つまり喜んで捨てるというわけです。

これはなにも、お賽銭に限ったことではありません。たとえば若い頃に買った服が、年齢とともに似合わなくなっていくことがあるでしょう。安い買いものではなかったから、あるいはとても気に入っていたからと、何年も出番がないのに見て見ぬふりをしている洋服が一枚や二枚、どなたにもあるのではないかと思います。先日お目にかかった50代の女性もそのおひとりです。「もう着るつもりはないのですが、もったいないと思ってなかなか整理できずにいました」と。

ところが彼女は、あるとき思い切って、年下のご友人にその洋服を「もし着てくれるならば」と差し上げたそうです。数日後、彼女のもとに一通のメールが届きました。そこには、「これからたくさん着ますね！」という一文とともにワンピースを素敵に着こなした笑顔の友人の写真が添えられていたそうです。

その写真を見た彼女からは、すっかりもったいないと思う気持ちが消えて、とても幸せな気分になったと話してくださいました。

クローゼットに入ったままになっていたとき、そのワンピースは生きていませんでした。モノとして死んでしまっていたのです。しかし、それがまたちがう方のところで使われるということは、ものが生き返ったということ。手放したほうとしてもとても嬉しいものです。笑顔で感謝を伝えられたら、こちらも自然と顔がほころぶでしょう。

喜んで捨てたものやことは、こんなふうに巡り巡ってまた自分のところにちがうかたちの喜びをもたらしてくれます。

もう不要になったものやこと。少しずつでも「喜んで捨てて」みてはいかがでしょう。家の中がすっきり整うだけでなく、自分にとってほんとうに必要なものが見えてくると思います。

イエスを捨てる、ノーも捨てる

道無古今（みちに　ここんなし）

人が学び実践を極めて行く道は、今も昔も変わることがない。時代や場所によってものごとは変化していくが、根本的な真理は時代が変わっても不変である。

白黒つけないこと

一神教の世界、たとえばキリスト教やイスラム教では、白か黒、イエスかノーかをはっきりさせることがよしとされています。中間がないわけです。誤解をおそれずにいえば、だから戦争は終わりません。

ところが仏教は、右にも左にも偏らない、両方の意見を聞いて正しい道をいきましょうという考え方をします。これを仏教では「中道《ちゅうどう》」、あるいは「中庸《ちゅうよう》」といいます。

日本では仏教が長く信仰されてきました。そのため、西洋の方々から見ると日本人はときに優柔不断に映ることがあります。

自分の意見をもたずに、あっちにふらふら、こっちにふらふらしているように見えるそんな態度は、「ノーと言えない日本人」というフレーズで揶揄《やゆ》されたり、「前向きに検討します」なんていう返事ばかりすると言われてしまったり。

もちろん、状況に応じてイエス・ノーをはっきり言わなければいけないこともあると思います。しかし〝ノーと言えない日本人〟だからこそ、頭ごなしに否定するのではなく、双方の意見が成り立つような道を考えついたり、新たなアイデアを創造したりできるのではないかと思うのです。

ビジネスの世界を一神教の考え方で見ると、勝ち組と負け組しかありません。いっときは、勝ち組に残りさえすればいいという発想が世界を駆け巡った時期があったように思います。

ところがそれが過剰になりすぎたとき、人々は、勝つ人がいれば、そこには必ず負ける人もいるということに気づきました。それから「ウィン・ウィン」という言葉をよく聞くようになったように思います。このウィン・ウィンこそが仏教的な考え方です。

中道という言葉の意味は、誤解されることがよくあります。自分の意見がなくて「どっちでもいい」というのが中道的な態度では決してありません。

相手がよくなるから、わたしもよくなる――。中道的な態度のベースには、こうした仏教的な考え方があるのです。

残念なことに最近はいっそう、いい意味での「なあなあ」が通用しない社会になってきてしまった気がしています。その陰には極端に情報化された社会に原因の一端があるように思われます。

手のなかのスマートフォンによって、社会で起こるさまざまなことが白日のもとにさらされるため、白黒がつきやすく、いや、白黒をつけたがる世の中になってきているように見えるのです。

こうした二極化は、どうしたって分断を生むことになるでしょう。一度分断されてしまった関係性を再びもとのように近づけるためには、膨大なエネルギーと時間が必要とされます。それは、海外から流れてくる痛ましい戦争のニュースを見れば、皆さんもよくおわかりのはずでしょう。

白か黒か、イエスかノーか――。**二つの〝極〟をいったん捨てて、目の前の人や事象をフラットな視点で見直してみる。**

そうした中道の生き方は、皆さんを今よりずっと生きやすくするのではないかと思うのです。

余分な体脂肪を捨てる

無念無想（むねんむそう）

自分を縛っている自我や執着心から離れること。そして妄想から離れること。それが心の開放につながる。

一を二に、二を三にするのがいいこと？

現代社会は、社会環境の変化や食生活の欧米化にともない、肥満の人が増えています。肥満は、糖尿病や高血圧、心血管疾患などの生活習慣病をはじめ、多くの病気のもとになることは、皆さんもよくご存じでしょう。

厚生労働省によると、肥満の定義は体重が多いだけでなく、体脂肪が蓄積した状態のことを指すそうです。もちろん体脂肪は、生命活動に必要なものです。ところが摂取エネルギーが消費エネルギーを上回り、過剰分が体脂肪として蓄積されると肥満につながってしまいます。

じつはわたしは心にも、こうした余分な体脂肪がつくと思っています。それをわたしは「心のメタボ」と呼んでいます。なにも気にしないで食べたいものを食べたいだけ口にしていれば、自然と余計な体脂肪がついてしまうのと同じように、わたしたちは日々の暮らしのなかで、知らず知らずのうちに心にも余分な体脂肪をつけてしまいます。しかし、これは生きている証拠でもあります。

その余分な心の体脂肪とは、たとえば金銭もそうでしょうし、ものもそうでしょう。また家庭のなかの役割、社会のなかの役割、組織のなかにおけるポジション、仕事のノルマなどもそうかもしれません。

禅では本来、すべての人間は一点の曇りもない清らかな心をもっていると考えます。しかし成長するにしたがって、こうした心の体脂肪がその清らかな心にくっついて、曇らせてしまうのです。

もっとたくさん、もっとおいしいものを食べたいと望むように、心ももっと、もっと、と要求します。

わたしたち人間は、一だったら二に、二だったら三に、九になったら十にしようと無意識のうちに「もっと、もっと」を求めます。気づかないうちに自制心が利かなくなってしまうのです。

この「もっと、もっと」という気持ちこそが、我欲、妄想、執着と呼ばれるものです。

ひとつのものが手に入っても、さらにもっといいものを、それが手に入っても満足せずに、またすぐ次のもの、さらに高いもの、もっと上のものと、際限なく欲は広がっていきます。

お釈迦様は、「ヒマラヤの山を黄金で埋め尽くしても満足をすることはない」と言っておられます。だからこそ「知足」、つまり**「足るを知るということが大事」**と説いているのです。

とくに人生を折り返す頃になると、身についたもの、手に入ったものを手放したくないという意識が働いてくるものです。そしてそのまま突き進んだ先には、「心のメタボ」状態が待っています。身体の体脂肪は、検査や数値で測ることができますが、心の余分な体脂肪は目に見えないからこそたちが悪く、非常に危険なものになります。

自我を捨てる

花無心招蝶　蝶無心尋花（はなむしんにしてちょうをまねき　ちょうむしんにしてはなをたずぬ）

花は無心に咲き、蝶を招いている。また、蝶も無心に花を訪ね、蜜を吸っている。どちらも無心で、無心同士が結ばれる。これが大自然の法則であり、因縁である。

自分を超えた力に生かされている

相手がよくなるから、わたしもよくなる――。

この仏教の根本的な考え方を邪魔するもの。それが「自我」です。自我とは「わたしが、わたしが」「自分だけが、自分だけが」という思考。禅の行はその自我を捨てることを目指すものです。

自我はほとほと厄介なものです。すっぱりと捨てるには行を修め、うまくすればその後にようやくたどり着けるかもしれない境地といえましょう。

それでも皆さんには自我を捨てることを目指して生きていただきたい。自分が「自我の塊」であることに気づき、自我とは対極の「無我」を求める生き方にシフトするような生活を送っていただきたいと、わたしは願うのです。

無我とは、「我（わたし）が無い」と書きますが、これは「自分がない」というのとは意味合いが異なります。

「わたしは誰にも世話にならずに自分ひとりで生きている」と考えるのが自我。一方「まわりとの関係性のなかで生かされている」と考えるのが無我で、これを仏教では「諸法《しょほう》無《む》我《が》」といいます。

たとえば、わたしたちは自分の力で心臓や胃や腸の働き、呼吸などを止めることはできません。眠っているあいだも勝手に心臓は動いてくれています。食事をすれば胃や腸は、わたしたちがお願いしたり、動け！　と命令したりせずとも動いてくれる。ですから自分の意志にかかわらずわたしたちは、「生かされている」のです。

そしてそれは誰の力かといえば、**自分を超えた力です**。その自分を超えたもうひとりの自分を「仏性《ぶっしょう》」といったり、「仏」といったり、「本来の自己」といったりするわけです。

そこにはまったく、「わたしが、わたしが」「自分が、自分が」という自我がありません。自然との摂理によって、あるいは道理に沿って動いてくれています。

自分ひとりの力だけでは、我々はなにもできません。どんなに成功を収めた大企業の社長も、巨万の富を築いた大富豪も、花々のあいだを飛び交う蝶も、蝶に蜜を与えてくれる花だって皆同じ。ひとりだけでは、生命を維持することはとうていできないのです。

この単純すぎるほど単純なことに気づくか気づかないかで、生き方は大きく変わることと思います。そんなの当然のこと、知っていると思われる方もおられるでしょう。知っていることと、ほんとうに気づいていることには、天と地ほどの隔たりがあります。

人間は知識を得たら、もうそれでOK、知ったつもりになってしまう生き物です。頭でわかったことを、体そのものでどーんとつかみとっていこうとするのが禅の考え方。ですから行なのです。そして行を修めての「修行」というわけです。

知識だけでは、それは学問。本書のなかでお話ししていることも、知ったつもりになるのではなく、一つひとつを実践につなげて体で深く感じとっていただけたらと思います。

角を捨てる

一渓流水繞青山
（いちけいりゅうすい　せいざんをめぐる）
一筋の渓流が青山のまわりをめぐりながら流れてゆく。
そのままがこの世の真理のあらわれで、悟りの境地。

氷が溶けると何にでもなれる

「水は方円に従う」。

水はどんな器に入れても、そのかたちに沿って器に入ります。転じて、人間も交友関係や環境によって、善にも悪にも染まりやすいことのたとえとして使われることわざです。

たしかに、水はどんな器にでも入れることができますが、同じ水でも、一度凍って氷になってしまうとそうはいきません。

たとえば、四角い氷を丸い器に入れようとしたらどうでしょう。あちこち角がぶつかって、うまく収めることができなくなってしまいます。

これと同じように、人間もものやことに固執しすぎると心に角ができて、方円に従わなくなってしまう。あっちにぶつかり、こっちにぶつかり……。摩擦や確執が生じて、自身をどんどん消耗させていってしまうのです。

つまり、その角が「我」というものです。

しかし氷は溶かすことで、再び水に戻ることができます。もし自分がすっかり氷になってしまって、角ができてしまったと気づいたら、心にべったりと張りついた余分な体脂肪を捨て、自我を手放して、少しずつ溶かしていくようにすればいいのです。

凍ってしまったからもう終わりではありません。

自分に角ができてしまっているのではないか、日々、顧みることが肝要です。気づくことさえできれば、溶かせるのですから。

今の世の中は、氷と氷がガラガラと大きな音をたててぶつかっているようなもののように思えます。

世界の国の政情も、現代社会に暮らす人たちも、各々の角がぶつかり合っているから、揉めごとがなくなることがありません。

もとの水の状態でいるならば、どんな状況にも適応することができます。柔らかな心を保ちながら、なおかつ自分という本分も失っているわけではないのです。

禅語に「水」や自在にその姿を変える「雲」に由来した言葉が多いのはこのため

です。

行雲流水（こううんりゅうすい）――ただよう雲と流れる水。ほかの力にさからわないで、滞りなく動く自然の悠々とした姿。自然のまま、なりゆきにまかせて行動するさま。

白雲流水清（はくうんりゅうすいきよし）――白雲も流水もともに無心であり、いずれも流れ去ったあとには、一切の痕跡を残さない清々しさがある。

水滴々（みずてきてき）――一滴の水もやがて大河となり海となる。水の雫も、大河も変わりがない。

挙げればきりがありません。またかつては、禅の修行僧は、ひとつ場所に留まることなく、師を訪ねて行を重ね、強いこだわりに執われずに生きることを目指していたさまから「雲水」と呼ばれます。

自分がなにかに執われていると思ったら、流れる水や空に浮かぶ雲をぼーっと眺めてみましょう。自然はわたしたちの偉大な師となります。

チリ、ホコリを捨てる

一掃除二信心（いちそうじ　にしんじん）

信心を志す人は、まずは掃除からであるというほど、禅では掃除を重要なものとして位置づけている。

ゴミを捨てる本来の意味

前述したとおり、禅の考え方は体で会得するものです。そのために禅僧は日々、修行に励んでいます。

禅の修行というと、ひたすら坐禅をしたり、ひたすら掃除をしたりなどと、厳しいものを想像されるのではないでしょうか？

わたしに厳しい修行はできない——と。

そんなことはありません。じつは、ふだんの生活のなかでもできる行がたくさんあることに目を向けていただきたいと思います。

なかでもわたしが最初におすすめしたいのは掃除です。禅では「一掃除二信心」といわれます。信心の先に掃除がくるのです。それほどまでに掃除は、禅の修行のなかで大切に考えられています。

なぜなのでしょうか？

たとえば散らかった部屋の一隅を整頓する、ホコリが積もった棚を水拭きしてみる、床の隅に落ちているゴミを捨てる。

ひとつだけでもいいので、いったん本を閉じて今すぐにやってみてください。

いかがでしょうか？

する前としたあと、ご自分の心もちが変わってはいませんか？　掃除や片づけには、空間をきれいに整えるだけでなく、いやそれ以上に自分の心を気持ちよくする効果があります。

禅でいう掃除とは、物質的なチリやゴミを取り除くためではなく、心についたチリやゴミを拭き取るためのれっきとした行です。ですから、一掃除二信心なのです。

部屋の乱れは心の乱れ。玄関の履物が整っているということは、心もまた歪まずに整っているということなのです。

しかしこの掃除の効果は、人にやってもらうのでは意味がありません。自分の手を、体を動かしてこそ心も磨かれます。

たとえば高齢になり、自分の手を動かして日々の掃除や片づけができなくなってきても、人の手を借りながらでも無理のない範囲で一緒にやってみましょう。もし体が自由に動かなかったとしても、リハビリのつもりでやってみられるのもいいと思います。

禅は哲学ともいわれています。哲学というのは「学」であり、学はセオリーとして証明できます。

たとえば精神疾患やうつになる方のなかには、体をあまり動かさない患者さんが少なくないそうです。

想像してみてください。100メートルダッシュをしているあいだには、心配ごとや不安に思っていることを考える暇がありませんよね。掃除もそれと一緒です。ですから「ながら掃除」は禁止です。目の前の床、目の前の棚、なんでもよろしいので、そこだけを見つめて、無心になって、磨いてみてください。

自分の体を動かして、もっというならば汗をかくまで、チリやゴミを捨ててみる。終わったあと、心もピカピカになっているはずです。

仮の自分を捨てる

放下着（ほうげじゃく）

「打ち捨てろ」「捨て切ったという思いも捨てろ」わたしたちには「欲」があり、なかなかこれが捨てられない。この言葉を肝に銘じておきたい。

ぎゅっと握った手を開いてみる

なかなか捨てられないのは、使わなくなったものばかりではありません。

たとえば定年退職をした方が、「○○会社の常務をしていました」とか「□□会社の役員でした」とか、聞かれてもいないのにすぐに口にしたがることも……。

自分のステイタスを、ついまわりの人に知らしめようとする意識が働いてはいないでしょうか。

しかし役職やステイタスといったものは、ひとときの仮の姿にすぎません。仮の姿にいつまでも固執して、どんどん肥大化していくと、気づけば一生、その姿でいないといけないという心もちになってしまうでしょう。あくまでもそれは自分の仮の姿なのに。

鎌倉中期の禅僧で日本曹洞宗の開祖、道元《どうげん》禅師の言葉に、「放てば手に満てり」というのがあります。禅宗の真髄を説いた仏教書『正法眼蔵《しょうぼうげんぞう》』の第一巻「弁道話《べんどうわ》」に記されているものです。

これは、手を握っているときには、ほかのものをつかむことはできない、しかし、放すと次の新しいものがつかめるという意味です。

我々は千手観音ではありません。ひとつのものをぐっと握っていたら、それしかつかんではいられません。難しい話ではなく、どなたでも当然なことであるとおわかりになるでしょう。

それでも実際、我が身を振り返ってみると、それができているかどうか——。

これまで手に入れてきたものを放すまいとして、ぐっと手を握りしめてはいないでしょうか。

絶対に放すものか——。こうした意識が働くと心が縛られてまわりが見えなくなってしまうのもまた人間です。

一度、力を抜いて、手を開いてみれば、新たな可能性やチャンスがいくらでも転がりこんでくるものなのに。

とくに、これまで得てきた役職やステイタスは、ずっとご自分の手のなかに握りしめておきたいと思うもの。ですがこの仮の姿でずっと生きていると、どんどんストレスを溜めこんでしまいます。

まわりの方々は、仮の姿がその人そのものと思うわけです。そうすれば、本人もまわりの期待に応えるように、そういう人であらねばならぬという意識が働く。すると生活するのがひどく息苦しく、窮屈なものになってしまいます。

禅は、すべての自分をさらけ出して、ありのままの自分を見てもらうことをよしとします。これを「露《ろ》」（露《あら》わ）という言葉で表します。こう見てほしいという鎧《よろい》を脱ぎ捨てて、**本来の自分を取り戻す**。それはときに裸で外を歩くような心細さを感じるかもしれません。しかし、本来の自分に戻るだけで、なにもおそれる必要はないのです。

これまで組織や会社に属し、その看板を背負って生きておられた方々も、「定年退職」は大きなチャンスです。ぐっと握りしめていた手をほろりとほどいて、重い看板を下ろした新たな人生を思う存分、楽しんでいただきたいと思います。

所属を捨てる

一念忘機（いちねんきをぼうず）
よけいな計らいごとを捨てることが重要である。

大きな傘から小さな傘にさしかえる

帰属している大きな組織の傘の下にいることは不自由を感じつつも、安心感も伴うものです。傘があれば、激しい風雨にさらされることはないわけですから。

会社勤めをされてきた方からは、「定年退職をしたらなにもやることがなくなってしまって不安です」という声を聞くことがあります。

これから経済的にやっていけるのかとか、もう用のない人間になってしまったと、ご自身の存在意義そのものまで否定的に考えるようになられる方もいらっしゃるようです。

実際、「2022年 定年退職に関する調査」（Job総研）*によれば、75・6パーセントの人が定年後の生活について「不安がある」と回答しています。

調査対象者は、全国の男女20~50代の565人。年齢層を見ると現在は会社に所属されているけれども、未来にやってくるであろう定年という節目を、不安に感じ

＊https://job-q.me/articles/14483#article_item_1921988

ているということですね。会社の傘の大きさを意識的、あるいは無意識的に実感している方がいかに多いかということがよくわかる数字です。

会社から与えられた仕事や役割。それをまっとうし、報酬を得てきた皆さんは立派に務めを果たされてきました。

また、子育てをし、毎日の食事を整えて家族の健康をずっと支えてきた皆さんも、たいへんなご苦労があったことと思います。そんなすごい皆さんなのです。これまで培ってきた技術や知識が必ずあるはずです。

所属を外れたから、組織の傘がなくなったからといって、自身が体で会得した経験や財産がなくなるわけではありません。それらを活かしながら世の中に役に立つことはないだろうか——そう考えてみてください。

「お布施」という言葉は、皆さんよくご存じのことと思います。このお布施には、財施《ざいせ》、法施《ほうせ》、無畏施《むいせ》という三つがあります。

財施とは、お金のこと。法施とは、わたしのような和尚が生き方や真理を説くこと。そして無畏施とは、お金や説くものがなくてもできるお布施のことをいいます。

この無畏施のなかに「床座施《しょうざせ》」というのがあります。

渡し舟に座して乗っていたら、もうひとり舟に乗りたい人が来ました。しかし舟は満員。ですが、みんなで少しずつ詰めてみたら、後から来た人もちゃんと座れたというお話です。みんなで譲り合いましょうということを説いています。

たとえば会社で、部長の席を誰にも渡さないぞ！　とずっとしがみつくのか、次の人に「どうぞ、どうぞ」と譲っていくのか。

こうした席を譲る行為も立派なお布施、「床座施」です。

定年退職をはじめとした人生の節目は、ご自身の新たな物語をスタートするための大きなチャンスとなります。

先ほど、定年への不安を抱えている方がいかに多いかをご紹介しましたが、定年までの期間を、ただただネガティブな気持ちで過ごさず、その先のビジョンを組み立てる、また準備する時間に置き換えてみてはどうでしょうか。

そのとき、少し子どもの頃の自分を思い出してみてください。

あなたはどんな子どもでしたか？　子どもの頃や若い頃に夢見たことはありませんでしたか？　ほんとうにやりたかったことは？

そのなかから、今だからこそ、近づけるものが見つかるかもしれません。

こうした過去の自分の棚卸しをしてみることによって、押入れの奥のほうにしまっていた大切な箱が不意に開くこともあります。そのなかには、仮の自分ではない本来の自分が、ほんとうにやりたかったことが仕舞われているかもしれません。

禅では、一見マイナスに思えることもプラスに転じるように考えます。

定年退職によって、わたしはここを去らなければならない、なんて惨めなんだ、と思って仕事場を去るのと、今までできなかったことを思い切りやれるときがいよいよくるぞ！　と思うのでは、その先の生活が180度変わります。心のありようが変われば、行動も自ずと変わってくるから心配しなくても大丈夫です。

人生100年時代の到来といわれている現在、定年の年齢が引き上げられたとしても、そのあとに残っている期間は相当長くなります。

こうしたお話をすると「何歳くらいから次の準備を始めればよいですか？」とい

う質問をいただきます。もちろん人によってですが、たとえば定年退職をする年齢の5年くらい前から、いろいろなことをまずは試してみることをわたしはおすすめしています。

仕事がお休みの日に、興味をもっていることに少しずつトライしてみたらいかがでしょう。もちろんそのなかには「これはちがう」「わたしには合わない」となるものもあるはずです。

それでも5年もあれば、きっとご自分に合うもの、楽しいと思うこと、子どもの頃の夢にかなり近いものが見つかるのではないでしょうか。そうなれば、大きな傘を捨てることはおそろしくもなんともなくなります。そしてその傘を捨てたときが、ほんとうの自分としての新たなスタートの日となります。

体裁を捨てる

深知今日事（ふかく　こんにちのことをしる）

『碧巌録《へきがんろく》』のなかで馬祖道一《ばそどういつ》が百丈懐海《ひゃくじょうえかい》に語った言葉。今日、この場、目の前にある真理について深く悟ること。自分の目の前にあることにしっかり目を向けること、十分力を尽くすことの大切さを説いている。

目の前の一歩を踏んでみる

「冷暖自知《れいだんじち》」という禅語があります。

液体が冷たいのかあたたかいのかは、そのなかに手を入れてみればわかりますよ、という意味です。逆にいえば、手を入れてみなければわからないということですね。

つまり、興味をもった活動や団体、やりたいと思ったスポーツでも勉強でも、まず試して、経験してみなければ、なにもわからないわけです。

それでもわたしたちは、年齢が上がるにつれて、新しいものにチャレンジする段になると、目の前に高いハードルが立ちはだかります。億劫《おっくう》な気持ちがむくむくと湧き上がってくるのです。

あるいは、「失敗したらどうしよう」とか、「自分に合わなかったらどうしよう」とか、「知っている人がいない場所に行くのはちょっと……」などと、実際にやってみる前からマイナスの部分ばかりを思い描いて、足が前に出ないこともあるかもしれません。

長く生きていれば生きてきたほど、体裁やまわりの目を気にしてしまう。それもよくわかります。

ですが、前述した「露」を思い出してください。万一やってみて「わたしには無理だった」とか、「合わなかった」場合、その場でただ単に「できませんでした！」とカラっと言ってしまえばよいだけです。

それなのに、わたしたちはそのひと言がなかなか言えません。

○○さんの紹介で参加したから顔を潰すわけにはいかないと、我慢をして通っていたり、一度始めたことを途中で止めてしまうのは、根気がないと思われるのではとイヤイヤ続けていたり……。

それでは大きな傘の下からせっかく脱出したにもかかわらず、結果、苦痛な時間を送り、辛い空間に身を置くことになってしまいます。あまりにももったいないと思うのです。

単に、〝液体の温度〟が自分には合わなかっただけ。それだけなのです。

自分の意志で手を入れて試してみた結果わかったのだから、自分の意志で手を

引っ込めて、なにが悪いというのでしょう。

なんでも面白そうだと思ったこと、やってみたいと思ったことは、体裁などは捨て去り、躊躇《ちゅうちょ》せずに一歩踏み出してみること。

そんな姿は、結果として、まわりの人の目に、とても格好のよい姿に映ると思います。

いい人を捨てる

主人公（しゅじんこう）

自分自身のなかの主人公。誰しもが本来的にもっている「仏性」をいう。「本来の自己」「自己の本分」「本来の面目」ともいう。本来の自分自身を見失わないようにすること。

共感ポイントは20パーセントある

人間は誰しも、まわりから「いい人」に見られたいものです。

人の悩みの多くは人間関係によるものといわれるように、まわりの人との良好な人間関係を築いたり、あるいは継続していこうと考えたりすると、どうしても他人の価値観に合わせなくてはいけない場面も出てくることでしょう。しかし人の価値観に縛られすぎると、自分の心はしだいに窮屈になってしまいます。

たとえばAさんと話しているときには、「Aさんのおっしゃることは、そのとおりだと思います」と言い、次にBさんに会えば「Bさんの意見に賛成です」と言う。そんなことを繰り返していると、10人の人と会ったら、10人の自分ができてしまうことになります。本来の自分はどれなのか、わからなくなってしまうでしょう。

この根底には、「いい人でいたい」という気持ち、「みんなに気に入られる人でなければならない」という思いが無意識のうちに働いています。

しかし本来の自分は、もともとは一点の曇りもない清らかな心をもっているはず。あえて「いい人でいたい」などと思う必要ははなからありません。

とはいえ、嘘でも「そう、そう」と言わないと、対話が成立しないこともあるじゃないか……と思われる方には、話し方の順番を変えることをおすすめします。

Aさんとの会話のなかで、意見の食いちがいが出てきたとしましょう。

「Aさんの話の□□に関しては、わたしは△△だと考えていて、意見がちがいます。●●の部分は共感できます」

という場合と、

「Aさんの話の●●の部分は共感できます。でも、□□に関しては、わたしは△△だと考えていて、意見がちがいます」

単に語順を入れ替えただけのことですが、印象は異なると思います。共感できる部分から話すだけで、Aさんは自分の意見が受け入れられたと思い、心を開いてくれます。ですから続く意見の相違の部分も、頭ごなしに否定されているととらえず、スッと耳に届くのです。

会社で会議をしているときでも、友人同士で話しているときでも、100パーセント意見がちがうということはほとんどありません。

正反対の意見をもっているように映る人同士でも、ちがうところは7割から8割くらいです。つまり、2、3割は必ず共感できるポイントがあるということ。

まずは自分の心を開いて、共感できる点を見つけてみる。それは人の価値観に無理やり合わせるのとはまったくちがいます。お互いに心を開いた状態で意見を交わすことができれば、修復不可能な決裂は起こり得ません。

SNSのなかでも、現実世界でも、最近は100パーセントの全面抗争か、100パーセントの同意か、どちらかになってしまっているように思います。

他人の価値観に合わせなくても、いくらでも対話はできます。偽物の「いい人」でい続けなくても、人間関係が崩れることはありません。

都合のいい自分を捨てる

求朋須勝己

（ともをもとむれば　すべからくおのれにまさるべし）

友を選ぶときには、自分より勝《すぐ》れた人を求める。同じレベルではなにも向上がない。自らより勝る人であれば、感化され、自然とその徳が身につくものである。

肩ひじ張らない人間関係

「いい人」を捨てることができたならば、次はぜひ「都合のいい自分」をお捨てになっていただきたい。

歳を重ねれば、それだけおつき合いする人数も増えてくることでしょう。新年会や忘年会、なにかのお祝いごと等々、食事の席に声がかかることも少なくないと思います。

一度立ち止まって考えてみてください。もしかしたら、「あの人は声をかければ必ず出席してくれる、人数合わせにちょうどいいね」などと思われてはいませんか？　こうした「都合のいい人」になってはいけません。

厳しいことを申し上げているかもしれませんが、見渡してみるとそんな関係にがんじがらめになっている方が少なくないように思います。そしてそんな方々は「これだけみんなから誘われているのだから、わたしは人気があるんだ」と思い込んでいらっしゃるような気もします。

また、あの人とおつき合いを続けていれば、新しいお仕事をもらえるかもしれないとか、割のいいプロジェクトに参加できるかもしれない、といった下心だけのおつき合いも人を疲弊させます。接待の席で、心から楽しいという表情を浮かべている方に出会ったことはほとんどないものです。もちろん、仮に仕事上のおつき合いでも、下心を抜きにして対話できるお相手だっているはずです。

腹を割って話すことができる人、肩ひじ張らずに話せる人だけに、人間関係を整理していくと心がスッと軽くなります。

もちろん整理するからといって、その人とはこれで一切合切おしまいにする必要はありません。逆にそれは避けるべきです。

たとえばお誘いがあったとき、自分が行きたくなかったり、ほかに用事があったりしたら、ただ単に「都合がつかないので、ごめんなさい」と言えばいいだけ。

そんなことが二度ほど続けば、だんだんあの人は忙しそうだから声をかけてもダメかもね、となっていきます。

そうなれば自然といい塩梅の距離ができて、「都合のいい人」からもめでたく卒業です。そのへんは、上手にやればいいのです。無理して喧嘩をする必要はありません。

禅語に「淡交《たんこう》」という言葉があります。

深入りはせず、でも心を開いておつき合いをしていくという意味です。**淡く交わる――これが人間関係を上手に育むためのキーワード。**

そんなふうにしてできた新たな時間で、今度は本来の自分らしくいられる人たちとのおつき合いを深めていってください。

他者の物差しを捨てる

臥月眠雲悠然
（つきにふして　くもにねむってゆうぜんたり）
月を枕に、雲を布団にして眠る。それは悠々自適な世界である。なにものにも執われない禅者の理想とするところ。

同調圧力に屈しない自分の物差し

近頃、同調圧力という言葉をよく耳にします。「他者の目線や価値観を捨てろ」と書きながらも、同調圧力がとくに大きなこの日本で、そんなふうに生きるのはたやすくはないことも、よくわかります。

抜け出そうにも、外からの無言の圧力があまりにも大きく、出口がふさがれてしまっている場合もあるでしょう。

同調圧力とは、少数意見をもつ人を、多数派の意見に合わせるように誘導したり、強制したりする暗黙の力のこと。みんながやっていることだからねえ、みんながよしとすることだしねえ、みんなが賛成していることだよねえ……とジリジリとコーナーに追い詰められるのは、ほんとうにおそろしいことだと思います。

つまるところ同調圧力の強い社会では、ひとつの物差しでものごとを測り、それを基準としてすべての人を当てはめようとします。「みんな」という大きな主語を使ってまるめて言われると、なんとなくそれに従ったほうがいいような気になってしまいます。

しかし、その「みんな」とはいったい誰のことなのでしょうか――。

皆さんは、育ってきた環境もちがえば、今置かれている状況もちがう、一人ひとりちがう人間のはず。個々人に好きな食べものや苦手な食べものがあるように、考え方や志向にもちがいがあるのは当然です。

「社会的にこれが常識ですよ」とか、「これが一般的な基準ですよ」というフレーズに出てくる常識や基準は、ほんとうにあなたにとっての常識と基準に当てはまるものなのでしょうか。みんなの物差しではなく、自分の物差しで測ってみても、ほんとうに当てはまりますか？

我々は、学校に入ったときからずっとみんなの物差しをもたされてきたのかもしれません。そして多くの場合、みんなの物差しは、あなたご自身の物差しよりも巨大です。

そもそも自分の物差しは、社会環境が変わったり、自分が年齢を重ねたりしていくうちに、時間軸で変化していくものだと思います。

もちろん、その物差しが180度変わったり、ちがう素材になったりすることはありません。**自分の生き方という芯を貫いてさえいれば、社会の変化にともなって、物差しそのものも成長したり、変化したりしていいと思うのです。**

古い物差しにこだわることなく、どんどん柔軟に新しい物差しに変化させていってください。長くなったり、太くなったりしていけばいいのです。

これが仏教で大切にされている柔らかいこころ「**柔軟心**《にゅうなんしん》」です。

人によると思いますが、とくに歳を重ねてきた男性は、変化するのが得意ではないように思います。長年、積み上げてきたものがあるので、変わるのがおそろしいという意識が働くのでしょう。

これまでの頑張りは素晴らしい。そのご自分の物差しは捨てることなく、さらに太く、長く、変化させてみてはいかがですか。

自由を捨てる

吾道一以貫之
（わがみちは　いちをもってこれをつらぬく）
わたしのゆく道は、人の意見に惑わされることなく、一貫している。尊い生き方を示している。

自分の桶には自分でタガをはめる

会社勤めをしていたときは、嫌でも決められた時間に起きて、決められた時間に家を出る生活を余儀なくされていた方も多いと思います。もちろん子育てや家事を担っていた方も同様です。時間に縛られ、眼の前にするべきことが山のようにそびえ立っていたことでしょう。

それが退職をしたり、あるいは子どもたちが独立をしたりすると、なんの縛りもなく生活を謳歌できるようになります。おめでとうございます、待ち望んでいた自由な日々の到来です。

でもバンザイをするのは、ちょっと待ってください。自由な日々＝タガが外れた状態になってはいませんか？

日がな一日、テレビの前でゴロゴロしているのか、規則正しい生活ができるのか、高齢になればなるほど、それは大きな分岐点になります。体が自然に動いてしまうような、いわゆるルーティンがあるのとないのとでは、認知機能、身体機能いずれにおいてもやがて大きな開きが出てくることでしょう。

わたしはほどよいルーティンは、人の生活になくてはならない「タガ」だと思っています。

古いタガを手放したならば、新しいタガをはめ直すことが必要です。とくに年齢を重ねたら、ぜひ自分自身でタガをはめてください。

これまでタガにはめられて窮屈に思っていたのに、また、この自由を手放せなんて、なんてひどいことを言うんだ——と思われるかもしれません。

しかし、24時間すべてがあなたの自由な時間ですよ——と言われたら、これもまた、寄る辺なさを感じるものです。これまでのタガは、周囲からはめられてきたために窮屈なものもあったかもしれません。

一方、これからはめるタガは、すべて自分に委ねられています。ご自分の理想とする生活にふさわしいサイズの、かたさのタガを、ご自身の手ではめればいいのです。

もしかしたら、これは生まれて初めての経験になるかもしれません。自分のつくったタガは、自分の指標が通っているので、無理なく心地よいものです。

これまでには見えなかった可能性が開けてくることもあるでしょう。思いもかけないチャンスが巡ってくることだってあるかもしれません。**自分で決めたタガのなかで生活を続けていくと、それが自信となり、拠りどころになっていくからです。**

タガというとネガティブなイメージに聞こえるかもしれませんが、タガが外れた桶はバラバラになって、水を貯めることができません。自分サイズのタガをはめられれば、なみなみと水を蓄えることができます。

それがその人のキャパになっていくわけです。そして少しずつ桶を大きくしていってください。

三毒を捨てる

自性清浄心（じしょうしょうじょうしん）

人間は本来、きれいな心をもっているもの。そのきれいな部分をお互いに出し合うことで、いい関係が生まれてくる。

怒りの感情は腹にとどめる

仏教には「三毒《さんどく》」という言葉があります。

毒を口にすると、人は死に至ります。仏教でいう三毒は、命に関わることはありませんが、確実に心を蝕みます。

そんなおそろしい三毒が「貪瞋痴《とんじんち》」です。

貪瞋痴とは、人間がもつ根源的な三つの悪徳のこと。

「貪」は、際限なくあれこれをむさぼる貪欲さ。

「瞋」は、激しく怒ったり、恨《うら》んだり、妬《ねた》んだりすること。

「痴」は、正しいものが正しく見えない愚かさ。

仏教では、これらをできるだけもたず、距離を置いて生活するようにと説いています。

この貪瞋痴の反対が「無心」です。禅のお話をすると、「無心とはどういう心のあり方のことをいうのですか?」という質問をよくいただきます。ひと言で表すと

「執われのない心」なのですが、頭で理解できたとしても、体で会得することは、並大抵のことではありません。

わたしたちは生きている限り、ありとあらゆる煩悩に囲まれて生きているからです。自分を縛っているものをすべて捨て切るのは、凡人には至難のことといえましょう。


ではどうしたらいいのか——。

その答えはお釈迦様の最後の説教をのちにまとめた『遺教経《ゆいきょうぎょう》』というお経に記されています。

ここには、貪りの心の強い人は利益をとことん追い求めるがゆえに、苦悩もそれだけ多く、小欲の人は、反対に欲望を制することができるので、苦しみも少ない。さらに足ることを知る人は、どんな状況に置かれても心が富み、反対に不知足——つまり足ることを知らない人は、どんな恵まれた状態であっても心は貧しいと説かれています。

たとえどんなに教養があり、社会的にも経済的にも恵まれた人でも、この道理を忘れてしまえば、欲に心を乱され、果てはほかの人の足を引っ張ったり、蹴落としたりと、執われのない心は、無惨にも蝕まれていくのです。

とくに近頃は「瞋」、つまり怒りの感情がいたるところで火を吹いているように見えます。SNSの世界でも現実世界でも、どこもかしこも〝炎上騒ぎ〟。なにか論争が巻き起こったら、関係のない人までも、わあわあと感情をぶつけ合っています。

「瞋」は、カーッと頭に上げたときに怒りの感情となって噴出するものです。

誰しも嫌なことや失礼なことを言われたり、尊厳を踏みにじられたりしたら、反論したくなるのは当然です。

そのとき真正面から相手のボールを受けて、衝撃を頭までもち上げてしまうと、同じようなボールを剛速球で投げ返そうとしてしまいます。

禅では、怒りの感情は、頭にもち上げるなと説きます。腹にとどめておけというのです。

腹というのは、臍下丹田《せいかたんでん》のことです。おへそのすぐ下（75ミリ）のあたりですね。

上手に腹にとどめる方法をひとつお教えしましょう。

カッとするようなことを言われたときのために、なにか呪文のようなフレーズを用意しておくのです。

たとえば「ありがとさん」とか「待てよ」とか。

そして、相手からボールが飛んできたときには、その呪文を3回、ないしは5回、繰り返すのです。

「ありがとさん、ありがとさん、ありがとさん」

「待てよ、待てよ、待てよ」

こんな具合です。

怒りの感情は、3秒で静まるといわれています。先の呪文は3秒間、怒りを腹にとどめるようにするためのもの。

嘘だろうと思われるかもしれませんが、実際やってみると、不思議と頭に100のぼるかに思われた怒りの感情が、半分あるいは半分以下になります。ぜひ試してみてください。

怒りにまかせて放った言葉は、たった3秒の沸騰によって口をついて出てきたもの。それにもかかわらず、一度口から出た言葉は、引っ込めることができません。その一瞬で大切な人を傷つけ、永遠に失うこともあります。

怒りの感情は頭には上げない――。どうか火をつけっぱなしにしたヤカンには、ならないようになさってください。

善悪のジャッジを捨てる

清寥寥　白的的
（せいりょうりょう　はくてきてき）

心が透き通って明瞭である状態をいう。自我や先入観に執われることなく、つねに真っ白な心で接することで、相手の真意がわかり、自分との接点を見出せる。

「自分」を隠してフラットにものごとを見る

ケンブリッジ大学の研究によると、わたしたち人間は一日に最大3万5000回もの決断をしているそうです。

朝、起きた瞬間から、その日の天候にふさわしい服装を選んで身につけ、朝食に口にするものを考える。今日はたくさん歩くので、スニーカーを履いて出かけよう、昼食にはなにを食べようか、最近おなかのお肉が気になるので、和食にしようか、サラダだけにしておこうか、いや、夕食を軽めにしたほうがいいかもしれない――。

こうした些細な決断は、わたしたちが夜、眠るまで続きます。

近年、「決断疲れ」という言葉をよく耳にするようになりました。人間はいかに小さなことでもたくさんの決断を繰り返すことによって心身に疲労が蓄積されるそうです。

そして決断疲れは、パフォーマンスの低下をもたらすということがさまざまな実験で証明されています。

アップル社の共同創業者のひとりスティーブ・ジョブズが、いつも黒のタートルネックとデニムを身に着けていたというのは、皆さんもよくご存じであろう有名な話ですが、これも毎日の決断疲れを回避するためだったといいます。ちなみにジョブズは、熱心な禅の求道者でした。

そして日々繰り返される決断には、必ずといっていいほど判断がともないます。しかし、判断を下すときには、少し立ち止まり、自分の心の内を今一度のぞき込んでみてください。

その中心に「わたしが」がないだろうか——。それをチェックしてみていただきたいのです。

判断の基準の真ん中に自我があると、自分にとって都合のいいことが「善」となり、自分にとって都合の悪いことが「悪」になります。

「自分にとって」の「善と悪」が必ずしも真実であるとは限りません。それを押し通せば判断を誤ります。

自分を一度、隠してみて、ものごとを見る癖をつけるのです。

今のわたしにとっては都合が悪いことかもしれないが、世の中にとってはいいことかもしれない――という場合もあるかもしれません。

善悪のジャッジを捨てて、フラットに目の前のものが見えてくると、世界はもっと広がります。

それは、たくさんの人と前向きなコミュニケーションがとれる、摩擦が少ない自分にとってもずっと生きやすい世界です。

前を捨てる、後ろも捨てる

前後際断（ぜんごさいだん）

死は生の延長線上にあるのではなく、生は生で完結しており、死は死で完結している。だからこそ、その瞬間、瞬間を必死に生きることが大事。

昨日の自分はもういない

わたしたちは波が岸に寄せるがごとく、一日一日、確実に老いを重ねています。それは昨日、今日で始まったことではなく、この世に生まれ落ちた瞬間から始まっていることです。

しかし、わたしたちは毎日、同じような日が繰り返されていると思っています。自分は、否、自分だけは変わらないと……。

そんなふうにじたばたしても、過ぎ去った時は戻ることはありません。万人が例外なく確実に歳を重ねていきます。

老いていくということは、できないことが増えていくことでもあります。それを認めること、受け入れることは、たやすいことではないでしょう。どなたも皆、苦しんでおられます。

「前後際断」という禅語があります。

読んで字のごとし、前と後ろの際《きわ》を切り離すという意味です。道元禅師はこれを、薪と灰にたとえました。

灰とは薪が燃えたあとの状態で、薪と灰はつながっているとするのが一般的かもしれません。

しかし、禅では薪は薪であり、灰は灰。

それぞれ別々の確立したものであると考えます。

ここで道元禅師は、薪と灰を生と死にたとえているわけです。

それは、わたしたちが生きている日々にも当てはまります。昨日は昨日でもう終わっているのです。


たとえ昨日できたことが今日できなくなってしまったとしても、できていた自分は過去の自分であり、どこを探しても存在しません。それをいくら惜しんだところで昨日の自分はもういないのです。

過去はもう終わっているし、未来はまだ来ていない。

わたしたちは、現在というこの一瞬にしか生きていられないことを、頭と身体双方で納得することがなによりも大切です。

前を断って、後ろも断つ――。このことを厭世的《えんせい》に思う必要などあるものでしょうか。

前後際断したあとに残るものは、「今」という一瞬のみです。そしてこの今も、すぐに過去になり、絶たれていきます。

だからこそ、我々が生きるこの「今」はなによりも尊いもの。「今」に全力で向き合い、全力で生きてください。

できない苦しみを捨てる

一笑千山青（いっしょうすれば　せんざんあおし）
どんな困難も笑い飛ばしてしまえば、目の前の道が開けてくる。その世界をつかんでしまえば、世界がガラリと明るくなる。

できないことは、新たな喜びの種

昨日よりも今日と、ひとつずつできることが増えていく子どもとはちがい、悲しいかな歳をとるにしたがい、一日一日、できないことが増えていきます。それが歳を重ねるということ。誰にでもやってくる老いであると頭ではわかっていても、「はい、そうですか」とすぐに折り合いをつけることは、たやすいことではありません。

動物であれ、植物であれ、物質であれ、この世のすべてのもので永遠に変わらないものはありません。万物は移り変わり、生まれては消滅する運命を繰り返します。それを「諸行無常《しょぎょうむじょう》」といいます。

お釈迦様は、「一切皆苦《いっさいかいく》」――人生は思いどおりにならないものであると説きました。人は、自分のもちものはもちろん、周囲のものを含め、すべてが変わらないと考えます。あるいは、無意識のうちに変わらないことを期待します。その期待が破られたときに、人は悩み、苦しむのです。これが「人生苦」です。

そう考えると、できていたことができなくなるのも、移ろいのなかで起こる自然な事象のひとつであり、恥ずかしいことでも、悲しいことでもありません。苦しみから逃れる術は、まずは**変わりゆくことを受け入れること**。そして、移ろいゆくまわりにも、自分にも、慈しみの目を向けることではないでしょうか。

たとえば記憶力。今まで3回くらい見たり聞いたりすれば覚えられていたものが、5回、いや7回、見て聞かないと記憶できなくなるかもしれません。それでも翌日になれば、きれいさっぱり忘れているなんてこともあるでしょう。

そんなときは、ぜひこんなふうに考えてみてください。

すぐに覚えられていたときには、記憶できることを「当たり前」と思っていました。でも思いどおりにいかなくなったからこそ、あらためて気づくことがあります。

赤ちゃんが寝返りをうち、やがてハイハイをし、つかまり立ちをして、歩き、走るようになる。その折々で、本人もまわりの家族も、大きな喜びを感じることができました。しかし日がたつにつれて、歩けること、走れることは当然のことになり、手を叩いて喜び合った日のことを、すっかり忘れてしまいます。まるで最初から、歩き、走れていたかのように。

できないことが増えるということは、逆を返せば、**できるようになる喜びを再び感じられるときがきた**と考えてみてはいかがでしょうか。

そう転換できたなら、こっちのものです。

「できない」というマイナス感情は捨てて、「新しくできる喜び」を得られるようになった自分を楽しんでください。

一方で、老化を少しでも阻止するような日々の努力も必要です。

お檀家さんに98歳でお亡くなりになるまで、ものすごく頭がシャープな方がいらっしゃいました。もともと技術系のお仕事をされていた方でしたが、定年退職してからは、自分の技術を使ってなにか世の中に貢献できないかと考え、「発明」を始められたのです。発明協会というところに登録し、月に一回、自分が作った発明品を持ち寄って、メンバー同士で披露し合っていたそうです。

これまでの経験を活かすことができるうえに、頭も手も動かす。人の意見に耳を傾け、自分の意見も相手に届くように話を工夫して組み立てる。その場には、気をつかうような上下関係も利害関係もありません。

なんと豊かなリタイア後の人生なのでしょうか。最期までお元気だった姿が今でも印象に残っています。

このお話は一例ですが、どなたにも同様の可能性が無限にあります。変わりゆく自分を「苦」ととらえずに、あるがままに受け入れて、そのときどきの自分に合った居場所を見つけることを決してあきらめないでください。

我々は限りある生命をもった動物です。老いや体の衰えは受け入れざるを得ません。こんな歳だからもうできない、もう自分は役立たずだと後ろ向きな気持ちになったとたんに、体と心の退化は加速していきます。

いくつになっても、今の健康を維持していこうという気持ちはもちたいもの。先のお檀家さんの例のように、ご自分の趣味や楽しみの延長線上にそのヒントがあるかもしれません。

そして、笑いの力は、苦を吹き飛ばす大きな力になります。

「あれができない」「これができない」とうつむくばかりではなく、ときには「できなくなってしまったよ、アッハッハッ」と笑い飛ばすのもいいですね。それにはやはり、自分の好きなことや楽しいと思うことを通じて、日頃から頭と体を意識して使うように習慣づけるのがいちばんです。

もうひとつ。衰えを感じてきたとき、体が思うにまかせなくなってきたときは、思い切って家族に頼ることもあると思います。

「歳をとっても元気なうちは子どもには迷惑をかけたくない」とおっしゃる方の話をよくうかがいます。自分でできることを自分でするというのはいいのですが、思いどおりにならなくなれば、先にお話しした、そのときの自分に合った居場所を見つけていくことも必要ではないでしょうか。

家族とのコミュニケーションをとることもひとつの居場所です。着飾らない、たわいないおしゃべりをすること。親子の縁をいただいて、今生かさせていただいているわけですから、大事にしたほうがいいと思うのです。

当たり前を捨てる

安閑無事（あんかんぶじ）

やすらかで平穏な状態。なんの執われもなく、自由な心で過ごす日々。幸せとはまさにこのような日々をいう。

めったにない「有り難し」

「前後際断」の「前」にあたる過去は、会社員時代の役職、かつて得た名誉なども含まれます。

たとえば現役時代に部下が何百人もいたからといって、それは今のことではありません。あくまでもその時期に与えられた役割であり、演じた役です。もうそのときの劇は終わった、幕は下りました。

その経験があったから、人をたくさん使う方の気持ちがわかる、あるいはお勤めする人の苦労がわかるというふうであれば、それは糧《かて》となります。反対に単なる過去の役にしがみついているだけであれば、その姿は見苦しいものです。

わたしたちは、歳をとれば体力も衰え、肉体としてはすべからく衰退へと向かっていきます。

しかし、心の状態やものごとに対する考え方、いわゆるほんとうの意味での人間の成長は、命が尽きるまで続きます。死ぬまで成長できるものがあるのは、とても幸せなことであり、ありがたいものです。

そうした人間としての幸せを邪魔するのが、「当たり前」とか「当然」という考え方だとわたしは思います。

「ありがたい」という言葉の語源は「有り難し」で、仏教説話に由来します。「有ることが難しい」という「めったにないこと」を意味します。

日本に生きていると、蛇口をひねれば水が出るのは当たり前、おなかがすけば食事をするのは当然……と、**日々の暮らしのなかに「当たり前」や「当然」が溢れかえっています**。

しかし、食事ひとつをとってみても、料理を作る人、食材を運ぶ人、食材を生産する人がいる。すぐに思いつくだけでも、いかに多くの人々が時間と労力を費やしているのかがわかります。だからこそ目の前のひと皿があるわけです。なんと「有り難い」ことでしょうか。

人間はひとつのものごとの背後に、どんな時間、どんな行動があったのかを考えるようになると、今をずっとありがたく感じられるようになります。当たり前を捨てて、想像力を養ってください。

第1部　2章

怯《ひる》まず離れる

孤立から離れる

壺中日月長（こちゅうじつげつながし）
時間を超越した悟りの境地。時間に縛られることなく、
ゆったりと自由に暮らすことができる境地。

「孤独」を味方にする

内閣府発表の「令和5年版高齢社会白書」によると、65歳以上の方がいる世帯は全世帯の約半数を占めています。

さらに65歳以上の全人口のうち、ひとりで暮らす方は男性が15パーセント（約230万人）、女性は22・1パーセント（約440万人）。2040年にはひとり暮らしの高齢者は男女あわせて約900万人に達すると推測され、今後も増え続けることが予想されています。

高齢化社会といわれるようになって久しい日本ですが、あらためて数字を確認してみるとヒヤリとします。

最近、テレビでニュースを読むアナウンサーが「孤立死」と言っているのを聞いて、「おやっ?」と思いました。それまでよく耳にしていたのは「孤独死」という言葉。そのフレーズを聞くたびに、もやもやとしていたからです。

「孤独」と「孤立」は、同じような意味で使われることがよくありますが、わたしはまったくちがうものだと考えています。

孤独とは、ひとりで静かな時間をもつこと。一方、孤立はまわりとの関係性を断って、あるいは断たれて、人とのおつき合いがなく、ひとりぼっちになってしまうことだと思っています。

孤独という言葉からは、ネガティブな印象を受ける方も少なくないでしょう。しかし、まわりとの関係を保ちながら、ひとりで自分のことを考えたり、人生を振り返ったり、行く末を考えたりする時間をもつことは、とても前向きな振る舞いです。そうした時間を意識してもつことは、豊かな暮らし方といえましょう。

たとえば坐禅。修行道場でたくさんの人と並んで坐りますが、坐禅をしているあいだは喋ることなく、黙々と自分と向き合います。それはある意味孤独な時間といえるでしょう。

しかし、坐禅をした経験のある方はおわかりだと思いますが、坐っているあいだ、寂しいとか、心細いといった暗い気分になることはないと思います。逆に坐禅をしたあとは、皆さん、スッキリとした表情をされています。

現代社会では、多くの人が忙しい日々を送っておられる。朝、目を覚ましてから、家に帰って休むまで、走りっぱなしという方も少なくないと思います。皆さん、一日一日を必死に生きておられます。

そうした一日のなかで、たくさんの成功を経験し、またたくさんの失敗も経験することでしょう。

人生はいいことばかり起こるわけではありません。どんな偉人でも失言したり、判断をまちがえたりします。

ああいう言い方ではなく、ちがう言い方をすれば相手に本意が伝わったのではないか――。

あの判断をしたのは、自分の理解不足だったのかもしれない――。

そんなふうに自分の言動をひとりで振り返ることによって、失敗は初めて次なる成功につながる糧となります。失敗を失敗のままで放置していたのでは、「成功のもと」になることはありません。

失敗にしても、成功にしても、振り返ることによって活かすことができるわけです。走り続けているがゆえに、振り返りの時間をもてていない方も少なくないと思います。

そんなときは、短いあいだでもひとりになって、今日の自分を振り返ってみてください。孤独な時間は、きっとあなたを成長させてくれる豊かな土壌となってくれるはずです。


とはいえ、なかなかひとりの時間なんてつくれない……。そんな声が聞こえてきそうですが、孤独な時間をつくる最大のコツは、携帯電話やスマートフォンを手放すことです。

とくに夜はチャンスです。わたしは皆さんに夜の9時になったらスマホは見ないことをおすすめしています。スマホに限らず、パソコンなどインターネットにつながる情報機器から距離を置いてみてください。たとえば出しにくい場所にしまってしまうとか、見えないように引き出しに収納してしまうのもいいですね。びっくりするほど静かな時間をもつことができます。

また、朝、いつもより30分だけでも早く起きて、ひとりで静かな時間を過ごしてみるのもおすすめです。坐禅をしなくても、外の空気を吸いながら、なにも考えない時間をもつのです。それは10分でも十分。ガラっと生活が変わるはずです。

自ら「孤立」を選ぶべからず

わたしは、孤独は人間にとっては必要なものであると考えていますが、孤立は避けなければならないと思っています。

前述しましたが、孤立は周囲との関係性を完全に断たれた状態です。そのなかでもいちばんまずいのが、自分から遮断してしまった場合。濃密な人間関係に窒息しそうで、他者との関係性を閉ざしてしまった場合もあるでしょう。あまりに煩わしいつき合いが多すぎて、放り出してしまった方もいるかもしれません。

しかし今一度、よく考えてみてください。前述したように、わたしたちは、「自分だけで生きている」のではなく、「周囲の関係性のなかで生かされている」存在です。

ひとりで食事をしていたとしても、その背後には生産者をはじめ、大勢の人がいます。本来、この社会のなかで「孤立」することは不可能といえるのかもしれません。

煩わしい人間関係を整理することは、悪いことではありません。自分らしく生きられないのであれば、その人とはご縁がなかったわけですから離れるほうが賢明です。だからといって、すべての人と縁を断つ必要はありません。人間関係は〇か十ではないのです。

仙人が山のなかで隠遁生活をする話がありますが、それはあえて孤独な生活を選択しているわけで、孤立ではありません。誰かが訪ねてくれれば、喜んでもてなします。

2020年から続いたコロナ禍の数年は、地球全体で大実験をやったようなものだとわたしは思います。好むと好まざるとにかかわらず、人との距離をとることを強いられた日々を思い出してみてください。

あのとき、わたしたちはオンラインやネットを利用して、なんとかして人とつながろうともがきました。

前出の「令和5年高齢社会白書」によれば、近所の人とのつき合い方について、65歳以上の人の82・8パーセントが「会えば挨拶をする」と回答されているそうです。自ら孤立の道を選んではいけません。我々人間にとって、それはしょせん無理なことなのですから。

孤立からは離れ、孤独な時間をもちましょう。

そして孤独な時間を過ごしたのち、再び人の輪に戻っていきましょう。人との交わりがいかに尊いものか、きっと感じられるはずです。

思考から離れる

坐石待薫風（いしにざして　くんぷうをまつ）

ものごとが思いどおりにいかないときでも、じっと静かに坐って待てばよい。

頭から思考を追い出す

1章でも触れたように、わたしたちは、Aのほうが得か、Bだと損をするか――、Aを選んだら失敗するか、Bならば成功への近道になるか――などと、判断をしながら一日を生きています。

つまり、つねに頭が二元論で動いてしまっているわけです。こうした二極化は、世界で戦争がなくならない大きな理由のひとつにもなっているのではないかとも思います。

人間は考える動物です。しかし、考えすぎもいただけません。

もし、今思い悩んでいることがあるのであれば、一度、思い切って思考から離れてみる時間をとってみましょう。迷いのあるとき、外へ出て風に当たったり、机から離れてみたりすると、ふと妙案が降ってくることがあるのは、きっと皆さんも経験上ご存じのはず。

とはいえ、思考を手放すことは簡単なことではないのもよくわかります。そんなときおすすめなのが坐禅です。

禅でもっとも大切にされている行は坐禅です。禅は坐禅抜きに語ることはできません。禅の語源は、元来インドで「静かに考える」という意味の「ドゥフヤーナ」といわれています。

インドでは静かに考える姿勢として、足を組んで背すじをまっすぐに伸ばして坐るかたちが、仏教が起こる以前にすでにできあがっていました。

その静かに坐るインドの姿勢が中国に伝わり、その姿勢を表す「坐」の漢字が与えられて「坐禅」という言葉が使われるようになりました。仏教では、お釈迦様が坐禅を最初に実践した人物であり、それによって悟りを開いたという事実が重要視されています。坐禅によって悟った内容をお釈迦様自身が説き、それがのちにまとめられて経典となり、仏教が成立したのです。

曹洞宗の坐禅は「只管打坐《しかんだざ》」といわれています。「只管」は「ただそれだけ」「ひたすら」という意味です。つまり、曹洞宗の坐禅は「ただ、ひたすらに坐る」ことをもっとも大切にしています。

ただひたすら坐るということは、なにも求めないことを意味します。さきほど、わたしは、思考を手放すためには坐禅をすることをおすすめします、といいましたが、じつはそれも間違いです。

ただ坐るということ——。それは坐って悟りを開くためとか、意志を強くするためとか、健康によいからとか、心を乱さぬようにするためとか、そういった目的をまったく求めずに、ただ、ただ、ひたすらに坐禅をすることです。

結果的に、坐禅によって、意志も強くなり、心も落ち着き、思考から離れることはできるかもしれません。しかしあくまでもそれは坐った結果であると考えます。

曹洞禅を日本に伝えた道元禅師は、「只管打坐」を「身心脱落」とも呼びました。つまり、坐禅とは身と心が、ともに抜け落ちた状態であるというのです。一切の計らいごとや喜怒哀楽の感情から完全に脱した状態が「只管打坐」であり、本来の坐禅だと説かれています。

ところで、坐禅をしている人の脳波を調べてみると、ものごとを判断する前頭葉が動いていないそうです。一方で、感性や感覚を司る領域の側頭葉は、活発に動いているといわれています。

あまり坐禅に馴染みのない方は、坐っているあいだは、完全に「無」の状態でなければならないと想像します。

しかし坐禅をしていてもわたしたちは、鳥のさえずりが美しいとか、風が心地よいといった感覚は感じています。

頭を思考でいっぱいにしているふだんの状態よりもむしろ、体自体が優秀なセンサーのようになっているためでしょう。日頃見落としてしまうような周囲の微細な感覚を、より体感できるようになっています。

もちろん最初から「ただひたすら坐る」ことができる人はいません。たとえば、初心者の方は、姿勢が真っ直ぐになっているかどうかを気にされて、こっちが真っ直ぐか？　いやいやこっちのほうが真っ直ぐか？　などとフラフラしてしまうことがあります。

鳥がさえずっている声を聞いた途端、「あの鳥はなんだろう？」「何羽いるのだろう？」などと考えてしまうかもしれません。そうするとたちまち思考に引き戻されてしまいます。たださえずりに耳を傾けて、いい声だと感じるだけ。そこでとどめることが肝要です。

またよく、「『考えてはいけない、考えてはいけない』と考えてしまいます。どうしたらいいのでしょうか」とも質問されます。そんなときは、思考が浮かんできても、いちいち取り合わないようにしてみてください。頭の反対側からすぐに抜けていくようなイメージをもつといいかもしれません。

最初はできなくても、続けていけば必ずできるようになります。なにごとも新しいことを始めるときには、真似でいいのです。学ぶという言葉は、「真似ぶ」から来ていますから、とにかくよいと思ったことを真似てみる。

続けていれば、頭ではなく体が正しい姿勢を必ず覚えてくれます。そうするといずれ、「あれ? 今すごく心地よかったけれども、なんだったんだろう?」という時間が必ず訪れます。

それが思考から離れた瞬間です。

初めは瞬きをしたような、そんなとても短い時間かもしれません。しかし慣れてくれば、坐ればすぐにそこに入れるようになり、長く、そして、いつでもできるようになります。

そうすればしめたもの。**身体と心、そして息をひとつにすれば、いつ、いかなるときでもわたしたちをあれこれと惑わせる思考から、離れることができるようになるでしょう**。それは、この忙しい現代社会で暮らすわたしたちにとって、心安らぐひとときとなるはずです。

曹洞禅の考え方は、わかりやすく言えば、病気になってから治療をするより、人間の体はもともと健康なのだから、病気にかからないようにふだんから体を鍛えておきましょうというものです。

これは道元禅師の、すべての人はすでに仏の本質を具えている、――すなわち健康な、一点の曇りもない美しい心を具えているという考え方を基本としています。

日頃さまざまなことに思い悩み、迷う愚かな人間のように思うこともあるでしょう。しかし、ほんとうはそのような粗末な人間ではなく、皆、仏の本質を具えているのです。

そして、ふだんから病気にかからないように鍛えておく方法こそが、行であり、坐禅です。

善いことも悪いことも考えず、静かに端坐する――。

頭のなかが忙しいときこそチャンスです。ぜひ一日のなかで、坐る時間を取り入れてみてください。

数字から離れる

直心是我師（じきしんこれわがし）

執着や偏見などで凝りかたまった自我を捨て切った、ありのままの自己の心が、道を指し示す自らの師である。

数字は自分の推進力のためにだけ使う

身のまわりのモノやコトはその多寡《たか》によって価値の大小が決まるわけではありません。その深さに価値があるものです。

近年よくメディアで取り上げられているので、皆さんもご存じかもしれませんが、かつて「世界一幸福な国」といわれたブータンが、ここ数年で幸福度ランキングから転がり落ちています。

その理由はさまざまあるのでしょうが、一説には、SNSの隆盛によって、他者の暮らしぶりを簡単にのぞくことができ、比較が生まれたからだといわれています。

今の生活で十分に幸せだと感じていたのに、まわりの人たちはもっとたくさんモノをもち、もっとおいしそうなものをたくさん食べている。

そんなことを知ってしまった人々の内に、「あれもない、これもない」という意識が芽生えたのは、想像に難くありません。

「あるもの」を数えるのではなく、「ないもの」を数えて、自分と他者とを比較するようになってしまったのです。

数字というのは面白いものです。1と5を並べると、無意識のうちにその差を計算してしまいます。もちものであればたくさん、成績でいえば、より高い数字のほうが、つい、よいことであり、優れていると考えてしまうのです。

なにかを10もっている人が、1しかもたない人を見れば優越感を感じ、1しかもたない人が、10もつ人を見れば、劣等感や妬みが生まれます。

コロナ禍の期間もわたしたちは数字に振り回されました。一日中「新規感染者数」「新規入院者数」が大きく報道され、その数字に一喜一憂したのは記憶に新しいところです。

数字そのものはただの事実を伝える情報にすぎないのに、わたしたちはその大小や差に心を乱されます。

ときには数字に過剰反応することで、必要のない争いが生まれ、傷ついたり、傷つけたりすることもあります。それが国家間に発展すれば、悲惨な戦争をも巻き起こします。

身近な例でいえば、健康診断の数字もそうです。たとえば血圧の数値。ご自分の血圧をずっと観察していて、それを比較するのは問題がありません。ところがほかの誰かと比べ始めたらどうでしょう。もともと高めの方もおられるでしょうし、低めの方もいらっしゃる。それなのに世の中は平均的という言葉で、一般化し始めます。まったくもって無意味です。

自分の血圧が平均ではないから、体の不調が出ていないのに、薬を使ってでも平均値に近づけようとする。それは少し危険ではないかと思うのです。

数字は人の心を縛ってしまう落とし穴になり得ます。さらにそこに平均的、一般的、常識的などという言葉がくっついたなら、さらに注意が必要。その落とし穴の底にあるのは、心を蝕む毒の沼です。

人間にはおのずと分限というものがあります。自分の分限を超えて、我欲の心で生き続けていれば、知らず知らずのうちに取り返しのつかないことになってしまいます。

たとえばお酒を飲むことひとつとっても、自分の適量をしっかりと覚えて、取り乱すほど飲まなければ、その時間は楽しいひとときとなりましょう。自分の分限をしっかりとわきまえること、「ほどほど」を知ることがなによりも大事で、これはあらゆることに通じます。

十人いれば十人それぞれ、力量もちがい、顔も性格もちがいます。お酒だって、酒豪の人と下戸の人がいるのですから、自分の身の丈にあった分限の範囲で生きればよいのです。


欲は人間誰しもがもっているもので、上を見ればきりがありません。禅の修行は、その欲から離れることを目指しますが、一方で禅の修行には終わりがないともいわれています。

わたしたち人間が欲を手放すことがいかに難しいかの証です。

しかし、始終追いかけてくる数字から離れてみることは、この手放し難い欲から距離を置くよい方法のひとつになると思うのです。

もちろん自分を前に進ませてくれる、推進力になるような数字の上手な使い方はどんどんしてください。

そのとき**比べる相手は、他人ではなくあくまでも自分。**

自分が向上したい、自分が前に進みたいという欲は、「我欲」ではなく「意欲」になります。

わたしは同じ欲であるならば、毒になる我欲ではなく、推進力となる意欲をもちたいと思っています。

相手の土俵から離れる

和気兆豊年（わきほうねんをきざす）

「和気」はなごやかな気色《けしき》。人間関係をなごやかなものに保てば、自ずと実り多くなる、という和睦《わぼく》の重要性を説く。

怒る前に「なぜ？」を考えてみる

1章でお話ししたとおり、怒りは三毒のうちのひとつである「瞋」です。なくしていくことが最善ですが、感情の生きものである我々人間にとって、それはたやすいことではありません。難しいからこそ、三毒として取り上げられているのでしょう。

現実社会で起こる一対一の争いごとには、目に見える相手がいます。相手が言ったこと、あるいは振る舞いや言動に対して怒りの感情を抑えられなくなったときに争いが起こります。

しかし最近は、明確な相手がいなくても怒りの感情を抱えている人を見聞きすることが多くなった気がします。

たとえば社会に対する怒り、政治に向けられる不満、自分の置かれている状況に対しての憤り――。これらはすぐに解決できないことが多いゆえに厄介です。

そんなときは、怒りの感情はひとまず横に置いて、「なぜ」を考えてみてはどうでしょうか。因数分解をするように、自分の怒りの原因を「なぜ」に変換し、細かく分解して考えてみるのです。

そのうえで、**今困ったり、不満に思ったりしているその「なぜ」の背景をひとつずつ調べてみるのです**。そうしているうちに、冷静になって、解決の糸口を見つけることができるかもしれません。

また、見えない相手への怒りの一例としては、いわゆるＳＮＳでの〝炎上〟があります。自分の生活圏内にいない人、関わりがない人に対しても前のめりになって参戦している方が少なくありません。

自分がなにげなくＳＮＳで発した言葉に対して、知らない誰かが戦いを挑んできたら、皆さんはどうされますか？　バチバチ、ガンガンやるのでしょうか。

そんなときのいちばん賢い方法は、相手の土俵に乗らないことです。相撲は同じ土俵に乗るからこそ、取組が成立します。

自分がちがう土俵にいたら、相手は相撲をとることはできません。土俵の上で今か今かと待ち構えていた相手も馬鹿らしくなって気が抜けて、いずれ不毛な闘志は静まっていくことでしょう。

そもそも、ひとつのものごとに対する考え方や価値観は、100人いれば100の土俵の上に乗っかっているようなものです。同じ土俵に乗せる必要はありません。

それともうひとつ。SNSは便利なツールである一方、「わたしはここで、こんな生活をしていますよ!」と全世界に向けて表明するものでもあります。それはともすると、自分の心にこびりついている「自我」の披露になりかねません。不特定多数に向けて、我欲に執われている自分を露わにしている行為です。

それをよくよく心に刻んで、SNSとは上手におつき合いをしていただきたいと思います。

苦から離れる

少水常流如穿石
（しょうすいのつねにながれて　いしをうがつがごとし）
わずかな水でも絶え間なく流れ続ければ、かたい石も突き抜くことができる。

「好き」「面白い」を原動力に

歳を重ねるにしたがって、これまでもっていたもの、あるいは続けてきた趣味などを、手放すべきか、手放さないべきなのか、その二択のあいだで心が揺れ動くことも多くなるものです。

そんなとき、「好き」という気持ちをひとつの指標にすると、道が開けることがあります。

仕事でも趣味でも人づき合いでも、そこに「苦」を感じているのであれば、一度立ち止まって考えてみる時期に来ているのかもしれません。

しかし苦しいなら、辛いなら、すぐに辞めてしまえと言っているのではありません。まず、今苦しいと感じているものに、どんな向き合い方をすれば「苦」を感じずに済むのかを考えてみていただきたいのです。

ものづくりをされている、ある職人さんの話を聞いたことがあります。親の跡を継いで今の仕事に就かれたそうですが、最初は好きという感情は一切なく、どちらかというと家業だから仕方なく始めたそうです。その方は若い頃は、もっと華やかな世界で羽ばたいてみたいという夢がありました。しかし、日々、目の前の仕事に打ち込むうちに、気づいたら今の仕事が、天職だと思うようになっていたと話してくださいました。

職人の世界は、コツコツとひたむきに目の前のものに向き合うことを強いられます。技術は一足飛びにすぐに身につくものではありません。それでも日々向き合い、鍛錬できたということは、その過程に自分が前進しているという実感をともなう喜びや面白みを感じられたからだと思います。

不思議なことに一生懸命やればやるほど、嫌だという気持ちを忘れてしまうことがあります。いつまでたってもネガティヴな思いを抱えているとしたら、そこには「やらされてる」という気持ちがあるからかもしれません。

自分がすすんで「やっている」。そんなふうに自分を主語にしたとたん、嫌だという気持ちはどこかに飛んでいってしまいます。そうすれば、しめたものです。「嫌い」が「好き」に変わるのは時間の問題でしょう。そして、好きという気持ちがあるのならば、手放さずに続けていけばいいのです。

趣味だったらなおのことそうでしょう。そもそも興味や好きという気持ちがあるから始めたのだから、まわりからとやかく言われようがやめる必要はありません。たとえ傍《はた》から見て、上達していようがしていなかろうが、**自分が喜びを感じているのであれば、あきらめる必要は一切ないのです。**趣味なのだから、他人と比較したり、一番なんかにならなくてもいいのですから。

比較したいのであれば、自分と比べる癖をつけましょう。昨日の自分よりも半歩でも前に進んでいれば、上出来です。

歳をとったから、いろいろなことをあきらめなくてはいけないなんてネガティヴに考えないでください。

「少水常流如穿石」（少水の常に流れて石を穿《うが》つが如《ごと》し）という禅語があります。『遺教経』というお経のなかに出てくる言葉です。

ぽったんぽったんと雫《しずく》が石に落ちて、同じ場所にずっと当たっていると、石にも穴を開けることができるという意味です。その雫こそが、日々の努力です。

好きとか、面白いと思えることが見つかったら、それは大きな宝となります。いつまでも続けて、ぜひ大きな〝穴〟を開けてください。

「成し遂げる」から離れる

香巌撃竹（きょうげん　げきちく）

香巌和尚が掃き掃除をしていたとき、小石が飛んで竹にあたり、その音を聞いて悟った。なにごとも求め続けることが大事だ。

悟りはあとからついてくる

仏教における究極の目的というと、悟りを開くことであると思われていませんか？　それは正解でもあり、誤解でもあります。

禅では、「悟りを得たい」とか、「早く悟りたい」という気持ちがあるあいだは、悟りの境地に到達できないと考えられています。悟ること自体が執着になってしまっているからダメというわけです。

また、悟るために坐禅をすると思われるかもしれませんが、坐禅が悟るための手法になってしまうのであれば、意味をなしません。悟りたいという気持ちも捨てて、ただひたすら坐る。その結果、あとから悟りがついてくるという考え方です。

臨済宗の中興《ちゅうこう》の祖《そ》である白隠《はくいん》さんにまつわるこんな話があります。越後のお寺で悟りを得たと思った白隠さんは、寺の住職と修行仲間に自分が悟ったと告げたとき、みんなに馬鹿にされてしまいました。

なんだ、こいつらは、わたしの悟りがわからないのか!

怒った白隠さんは、長野県の飯山にいた正受老人《しょうじゅろうじん》(道鏡恵端《どうきょうえたん》)のもとを訪ねます。ひとりコツコツと修行を重ねたという名高い正受老人を喝破《かっぱ》して、自分を認めさせてやろうと意気込んで向かいました。

ところが白隠さんは、正受老人に蹴飛ばされ、鼻をつまんでびょーんと投げられてしまいます。自らの慢心を見抜かれてコテンパンにやられた白隠さんは、正受老人のもとで修行を積むことになりました。そんなある日、托鉢《たくはつ》に出かけた白隠さんは老婆に出会います。そして白隠さんは彼女に「いつまでここにいるんだ、早く帰れ!」と言われ、叩かれます。気を失った白隠さんは、目が覚めたときにハッと悟ったというのです。

また、香厳智閑《きょうげんちかん》という禅僧の話もあります。香厳は名高い和尚(百丈懐海禅師《ひゃくじょうえかいぜんじ》)の弟子でしたが、その和尚が亡くなったので、兄弟子の潙山霊祐《いざんれいゆう》について修行をしていました。しかし、兄弟子から出された問答に答えられず、本や学問から得た知識では悟りには到達しないとひどく叱られます。

そこまで言われ、頭にきた香厳は、これまでもっていたたくさんの本をすべて燃やしてしまいました。

こんなものはなんの役にも立たないと――。

失意のなかで、香厳は南陽慧忠《なんようえちゅう》国師の修行跡地に庵をむすび、毎日掃除し続け、そこで隠遁生活を送っていました。そんなある日、箒《ほうき》に石がたまたま当たって、それが竹にぶつかり、カーンと音がしました。その音を聞いてついに大悟したという話が伝わっています。

二つともとても不思議な逸話に聞こえるかもしれませんが、これらの例に限らず、頭をぶつけたり、転んだりした拍子に、突然悟りに至る話が山のようにあります。こうして一足飛びに悟ることを「**頓悟**《とんご》」といいます。

悟りに限らず、なにかを成し遂げたい、なに者かになりたいと思っているうちは、決して望んだ場所に到達できることはないと、わたしは思っています。執着が邪魔をするからです。

ちなみに禅では、悟りを得たあともそれでおしまいではありません。

「百尺竿頭進一歩」（百尺竿頭《かんとう》に一歩を進む）という禅語があります。百尺の竹を登ってもなおその先に進もうとする——つねに向上心をもつことの大切さを説いたものです。

向上心をもち続けることは必要です。しかし、わたしは、**てっぺんにいったらもっと、もっと上へ——ではなく、そこからいかに下るかということも、向上心と同じくらい人生にとっては大事なことだと思っています。**

下り方にこそ、人それぞれの生き様が表れるのではないでしょうか。

第2部

幸福の物差し

キョウイクとキョウヨウ

活卓々孤迥々（かつたくたく　こけいけい）

活き活きとして、他を圧して抜きんでた様子。他より抜きんでた人に対する表現で、厳しい修行を経た末にたどり着いた境地をいう。

生き切る、そして死に切る

「和尚、歳をとったら『キョウイク』と『キョウヨウ』がなによりも大事です」

以前、うちのお檀家さんに言われたことがあります。言葉の主は、経営していた会社を息子さんに譲って悠々自適な毎日を送っておられました。

リタイアしてしばらく経った頃、わたしが「最近はどんな暮らしをしているのですか?」と尋ねたときの答えです。

なにか新しい勉強を始められたのかと思って、さらに聞いたところ、

「『今日行くところ』と、『今日やる用事』をつくることが大事ということですよ」

と満面の笑みを浮かべて教えてくださったのです。なんてうまいことを言うんだと、わたしは大笑いしました。

その方は、一日の終わりに明日はどこへ行って、なんの用事を済まそうかと、必ずご自分で計画を立てるそうです。

嵐や大雪など悪天候でないかぎり、自分で決めた予定はその日のうちに済ませる

とおっしゃいます。

それがそのお檀家さんの若さの秘訣でした。行った先々でいろいろな人と会い、会話をする。すると刺激されて頭も回る。老けるはずがありません。

じつは、この男性は3年くらい前に、大きなご病気をされました。だいぶお痩せになって、お参りに来られる際にも杖をついている姿を拝見しました。しかし、今は杖をつかずに歩けるまでに回復されました。

病後、リハビリに一生懸命取り組まれたそうです。きっと、このお檀家さんにとってリハビリがキョウイクとキョウヨウになっていたのだと思います。

80歳頃にキョウイクとキョウヨウの話を聞きましたが、80歳半ばを過ぎた今でも、ご自分で車を運転して元気にお参りに来られています。

定年退職をされる直前に、脳梗塞で倒れた方もおられます。最初にお寺にいらした際は、奥様に脇を支えられながら、杖をついていらっしゃいました。

この方もまずは一歩一歩、歩くことから始めたそうです。やがて杖がとれ、ジョギングを始め、ついにはマラソンに挑戦するまでになりました。こんなふうに一文で書いてしまうと、簡単なことのように思えるかもしれません。しかしご本人にとって、長く険しい道のりだったと思います。もう25年近く前のことです。

また別のお檀家さんで、うちのお寺にお参りにくるときには片道5キロ、いつも走って来られる方もいました。この方も一度倒れられて、リハビリからスタートした方です。回復後は、いつもピタッとしたスポーツウェアを着て、冬でも体から湯気を上げて走ってこられる。お参りを終えたらまた走って帰るのです。「お茶、飲んでいかれませんかあ」と声をかけても「大丈夫、大丈夫」と言って、急な階段をスタスタと軽快に降りて行ってしまわれるのです。

この方は93歳で亡くなられましたが、最後までそんな調子でした。ご本人も、歩けなかったことが嘘のようですとおっしゃっていましたが、寺の者は信じられないといった様子でその姿を見ていました。

もし体のどこかに不調をきたしたり、病気になったりしても、あきらめないでください。わたしは、リハビリに臨む強い気持ちがいかに大切かをほんとうにたくさんの方から教えていただきました。

こんなふうによくなった方々は、ちょっとだけ余分にやったと皆さん必ずおっしゃいます。つくられたメニューよりもプラスもう1回、もう少し先まで――と。


そして彼らに共通しているのは、病気を受け入れる姿勢でした。病気になってしまったのなら、それはそれで仕方がないと考えているようでした。

なぜ自分だけがこんな目に……などと腐ったり、病気になった原因をくよくよと思い悩んだりしていませんでした。

こうなったからには、あとは回復するだけ――。

悔やんでも、原因を考えても、どうにもならないことは潔く捨てて、現状より1ミリでもよくなるためにできることをする。そんなふうに前向きに取り組んだ方が元気な姿になられて、またお目にかかることができました。

気持ちのもちようで、病後が大きく変わるということを、わたしたちに身をもって教えてくださった方々です。

人間に限らず、生命ある動物は、生きているうちは、その生を〝生き切る〟ことが肝要です。そして同じように死がやって来たら、やはり〝死に切る〟しかないのです。死というものは、生の延長線上にあるものではありません。

誰も自分の人生に与えられた時間があとどのくらいあるのかを知る術はありません。ただひとつ、わかっていることは、今この瞬間、自分の心臓が鼓動し、自分を生かしてくれているということだけ。

愛おしいこの瞬間を、大切に生き切る。その積み重ねによって、人生というものはできているのです。

自家発電のすすめ

白珪尚可磨（はっけい　なおみがくべし）

「珪」は玉のこと。すなわち、白い玉が完全無欠であっても、さらに磨き続けることを忘れてはならない。禅では完全で終わりというものはなく、つねに向上を目指して修行に打ち込まなければならない。

自分の頭で考える

太陽が西の地平線に沈み、暗い夜がやってきても、わたしたちは食事をしたり、本を読んだりすることができます。どこか遠くにある発電所でつくられた電気が、皆さんの住まいまで送電され、頭上を明るく照らしてくれているからです。

そんなふうに、自分もどこかからの〝送電〟によって、動かされているなんてことはないでしょうか。

電気に限らず、今はありとあらゆるものが、〝送電〟される恵まれた時代になりました。

たとえば教育。幼い頃から学校や塾の先生が勉強のことは手とり足とり教えてくれます。そして会社に入れば、先輩や上司が仕事を与えてくれました。

当たり前に電気がある生活に慣れてしまったら、工夫して自分を光らせる必要はありません。しかし、いつの日か送電してくれる先生や上司は、いなくなります。

あなたはそうなったとき、自分の力だけで光ることはできますか？

わたしは皆さんに、自家発電型の生き方を提案しています。電気を止められても、自分で発電できる能力があれば、怖いものはありません。


自家発電型の生き方とは、自分の頭で考え、自分の体を動かし、自分でやるべきこと、やりたいことをつくり出して一日一日を過ごすことです。


これまでずっと配電してもらっていた人に、急に自家発電型の生き方をせよと言っても難しいかもしれません。しかし、ほんの小さなことからで大丈夫です。

いつもお茶をいれてもらっていたのなら、自分でいれてみる。そして家族にもいれてあげる。

ホコリに気づいたら、誰かがやってくれると思わず、自分で雑巾をもつ。

たまったゴミに気づいたら、自分でゴミ捨て場にもっていく——。

いきなり大きなことに挑戦しようと思わなくてもＯＫです。身のまわりを見渡してみれば、いくらでも自分で気づき、動けることが見つかるはずです。そしてひとつ見つかれば、すぐに次、またその次と小さな歩幅が大きな歩幅となって、前へ前へと進んでいけることでしょう。

そのとき見えてくる自分の光によって照らし出された景色は、それはそれは美しいものにちがいありません。

最初は豆電球ほどの小さな灯りでも、ちゃんと光っていることはわかります。そうした人たちが増えていくと、国はどんどんボトムアップされて栄えていくはずなのです。小さな光が国じゅうに灯れば、世の中は今よりずっと明るくなることでしょう。

気づいた今から、ぜひ自家発電を始めてみてください。

「禅即行動」です。

「便利」に振り回されない

勤精進（つとめてしょうじんす）

なにごとにも一つひとつ力を尽くして道に励むこと。禅では仏道修行に励むこと。

頭を錆びつかせないルール

洗濯板でじゃぶじゃぶ汚れものを洗ったり、薪を燃やしてお風呂を沸かしたり、箒で床を掃き、雑巾がけをしたりと、わたしたちは少し前の時代には始終手を使って立ち働いていました。

今は全自動洗濯機に洗濯物を入れれば、数十分後には汚れものはきれいに洗い上がっています。お風呂もボタンひとつで沸かせますし、お掃除ロボットが家じゅうを走りまわってホコリを吸い取ってくれます。

わたしたち人間は知恵とテクノロジーの進化によって、次々と便利な道具を生み出してきました。

共働きの家庭が増えた今、家事労働にかけられる時間は限られています。ところが時代が変わっても、一日が24時間であることは変わりません。こうした便利な道具は、忙しい毎日を送るわたしたちを助けてくれます。ですから、便利な道具を使うな、などとは言いません。

しかし、上手に使いたいもの。なぜなら、便利な世の中は、わたしたちがもっていた能力を奪っていくことにもなるからです。


たとえば、わたしたちは携帯電話をもつようになってから電話番号を覚えなくなりました。必要な電話番号は、携帯が記憶してくれているからです。

ひと昔前を思い出してください。親戚や親しい友人など、おそらく10〜15件くらいは電話番号を暗記していたのではないでしょうか？　今や自宅の電話番号すらおぼつかないなんていう人もいるかもしれません。

またわたしたちの世代で車をよく運転していた人は、道もよく知っていました。初めて行く場所でさえも、出かける前に地図を見て、ガソリンスタンドの角を右に曲がって、三つ目の信号を左に曲がって――などと、シミュレーションをしながら、道を覚えて出発しました。

ところが、今は車に乗って、カーナビに目的地をピピッと入れれば、あとはカーナビの案内のとおりに走れば、ぶじ到着！　といった具合です。

かく言うわたしも、カーナビにはよくお世話になっています。でもその代わり、すっかり道を覚えなくなりました。同じ行き先に二度、三度向かうときにも、カーナビを頼ってしまいます。

ここに挙げた二つの例だけでも、わたしたちの頭がどれほど退化してしまっているかおわかりいただけるかと思います。

便利なものをつくればつくるほど、人間社会は豊かに進化すると信じ走ってきました。しかし、その便利な社会は、人間の能力を失わせてしまう危険性をはらんでいるということも同時に意識しておかなければいけないと思います。

さて、ここでひとつ皆さんに質問です。

世界では3秒にひとりが◯◯◯になっています。

◯◯◯に入る言葉は、なんだと思いますか?

WHO(世界保健機関)によると、現在、世界で5500万人を超える人が認知症を患っているそうです。さらに毎年、およそ1000万人が、新たに認知症を発症するという報告があります。

そう、◯◯◯に入るのは「認知症」です。

日本でも、認知症の推計はさまざまな手法で予測されています。あるデータによると、2020年における認知症有病率は85歳を超えると、男性51パーセント、女性63パーセント。そして50年後の2070年には、85歳以上で男性が70パーセント、女性は87パーセントという数字を弾き出しています。高齢者が増加したから、認知症患者が増えているわけではありません。高齢者人口に占める認知症患者の比率が、年々増加の一途をたどると予測されているのです。


人生100年時代といわれるなかで、わたしたちはこの数字とどう向き合ったらいいのでしょうか。

わたしは専門家ではないので、認知症患者がこれから先増えていくというその理由や背景を断定することはできません。しかし世の中が便利になることと比例するかのように、わたしたちが能力を失っているということと無縁ではないように思えてならないのです。

それに抵抗するには、自分でルールを決めて、頭が錆びつかない努力をすることがますます必要だと感じています。

たとえばシンプルなことですが、メモをとるときにはスマホに入力するのではなく、手帳やノートに手書きで記すのもいいでしょう。車に乗ったら、前を走る車のナンバーを足し算するなんて方もいらっしゃいました。手書きの家計簿をつけるのもいいですね。

便利な社会の恩恵と引き替えに、わたしたちは脳のメモリーを差し出しているのかもしれません。そのことを、頭の片隅に留めておいてください。**些細に思える小さな努力が、大きな差を生みます。**

覚えて覚える

他不是吾（たこれわれにあらず）

他人のしたことは自分のしたことにはならない。自分の目の前にあることに、ただひたすら取り組むことが、なにより大事なのである。

体を使って覚える

なにか調べものをする際には、ネットで検索するのではなく、本や辞書を使ってみることをおすすめします。

わたしがなぜこうお話しするのか、皆さんにも思い当たる節があるのではないでしょうか？

本や辞書を繰るということは、手を使い、目で確認しています。もしかしたら、ほかの感覚もそこにプラスされて頭に伝達されているかもしれません。

一方、パソコンやスマホで調べるときは視覚情報のみ。わたしの体感からすると、そこには大きなちがいがあります。

わたしは覚えるということは、まず聞いて覚えて、見て覚えて、読んで覚えて、書いて覚える。そして最後は〝覚えて覚える〟ものだと思っています。つまり、体で覚えるのです。

たとえば、ものづくりをする職人さんは、目をつぶっていても同じ動作ができるまで鍛錬します。理屈ではなく、徹底的に体に覚えこませます。これが、〝覚えて覚える〟です。

しかしパソコンなどをとおして見ただけのものは、わかったつもりになっても、すぐに忘れてしまいます。数日後、パソコンの画面を読んで得たと思った知識を、書いたり、話したりして、人に説明できるでしょうか？　おそらく上手に説明できる人はあまりいないように思います。せっかく調べても、自分のものになっていない、血肉になっていないのです。

わたしたち僧侶は、毎朝の読経が習慣になっています。お経をあげているときは、意味などは一切考えていません。お経そのものになり切っている感覚です。そうなると、今日はいい声がストレートに出ているから体調がいいなとか、声がかすれているから、用心してちょっと体をやすめようなどと、自分の体調のバロメータにもなります。

お経つながりでお話しすると、皆さんも法要などで僧侶と一緒に読経することがあるかと思います。そのとき、僧侶の読経を聞いているときと、ご自分も声を出して読むときと、ちがう感覚をもたれることはないでしょうか。

その理由はご自分で出した声が耳から入ってくるので、頭のなかにより深く染み込むからではないかと思います。

僧侶の読経を聞いているときは、聴覚情報だけだったのが、自分の目を使った視覚と聴覚、さらには周囲からの声も大きな刺激になり、五感全体で体が受け止めるからでしょう。

いつまでも健康に過ごすためには、この五感を使うことがとても大事だと思います。そして仏教の考え方には、五つの感覚に加え、六番目があります。**五感によって感じたものを判断する「意」です。**

「意」まで使い切ってこそ

仏教には「六識《ろくしき》」という概念があります。識とは、やさしくいえば「心」のことです。

そのうちの「眼識《げんしき》」「耳識《にしき》」「鼻識《びしき》」「舌識《ぜっしき》」「身識《しんしき》」はそれぞれ、視覚、聴覚、嗅覚、味覚、触覚の五感にあたるもの。

たとえば「眼識」は、眼で見て楽しむ心ととらえることができるでしょう。

そして「五識」によって感じたものを統合して判断するのが、六番目の「意識」です。この**意識が欠けている状態のことを「無六識」といって、正当な分別や認識を欠くこと、さらには恥を恥と思わないことも意味します。**

つまり、五番目までの識、いわゆる五感は体に備わったセンサーであり、それを使ってものごとを判断する心の働きが六番目の意識というわけです。

そう考えると、意識あってこその人間ということもできますし、五感を使うからこそ、意識を発動させられるともいえるわけです。

見っぱなし、聞きっぱなしで終えるのではなく、意までちゃんと使って初めて、「これはなんだろう?」とか「これはとても面白い」とか、疑問や興味をもつことができるのです。

定年まで仕事に必死に向き合ってきた方のなかには、趣味がない、好きなものが見つからないとおっしゃる人が少なくありません。

もしかしたらそうした方々は、ちゃんと「意」まで使い切れていない場合があるのかもしれません。

まずは体を使って五感で感じ、それを統合して自分なりに判断して、価値を発見する——。

わたしたちの体、そして心には、最新のテクノロジーも敵わない優秀なセンサーと判断力が搭載されています。その力をフルに利用しない手はありません。

利他に生きる

苦中楽、楽中苦（くちゅうらく　らくちゅうく）

『碧巌録《へきがんろく》』。苦のなかに楽しさはあり、楽のなかに苦もある。貧しさのなかにも楽はあり、豊かさのなかにも苦はある。「雲門古仏露柱《うんもんこふつろちゅう》」という則のなかでは「貧しくとも、親しい友人がいれば楽しい。裕福でも、友人を失えば苦しみが生まれる」と言っている。

すすんでできて互いに利益をもたらすもの

コロナ禍以降、「利他」という言葉がフォーカスされるようになりました。『「利他」とは何か』という本を著した東京工業大学の「未来の人類研究センター」では、「利他プロジェクト」を立ち上げ、さまざまな学問の立場から、利他という言葉の再定義を試みているそうです。

わたしたちは2020年の春からおよそ3年間、これまで経験したことのない日々を送ってきました。

それまでは、自由に人と会い、食事をし、ともに行動することが当たり前でした。しかし新型コロナウイルスの感染拡大によって、唐突にそれらすべてができなくなってしまいました。

そして好むと好まざるとにかかわらず、他者とのコミュニケーションを強制的に制限されたことで、他者とともにあることのありがたみを痛感しました。それまで意識していなかった人も、他人の存在を欲する内なる思いに気づき、その存在に感謝するようになった方も少なくないでしょう。

ひとりの時間を過ごすなかで、他者との関係を見直し始めた。これが「利他」という言葉が注目を集めるようになった背景のひとつだと思います。


ご存じの方も多いと思いますが、利他という言葉は仏語から来ています。もう少し深く説明するために、『修證義《しゅしょうぎ》』というお経について触れさせてください。

このお経には、わたしたち衆生に仏道を歩ませるために菩薩が説いた四つの行為「四摂法《ししょうぼう》」が記されています。こしてこの四摂法は、誰にでもできる行為として説かれています。以下にあげてみることにしましょう。

一　布施
二　愛語
三　利行
四　同事

ここに出てくる三つ目の利行が「利他」のことです。『修證義』の利行の部分を抜き出してみます。

利行《りぎょう》というは貴賤《きせん》の衆生《しゅじょう》に於《お》きて利益《りやく》の善巧《ぜんぎょう》を廻《めぐ》らすなり、窮亀《きゅうき》を見病雀《みびょうじゃく》を見《み》しとき、彼《かれ》が報謝《ほうしゃ》を求《もと》めず、唯単《ただひと》えに利行《りぎょう》に催《もよ》おさるるなり、愚人謂《ぐにんおも》わくは利佗《りた》を先《さき》とせば自《みず》からが利省《りはぶ》かれぬべしと、爾《しか》には非《あら》ざるなり、利行《りぎょう》は一法《いっぽう》なり、普《あまね》く自佗《じた》を利《り》するなり。

主な部分だけを要約すれば、「つかまって困っている亀や病気の雀を見たときは、誰も見返りを求めないで助けることでしょう。……利行とは、自分と他人の隔てなく、互いに利益をもたらすものなのです」となります。

「利行」は「利他行」という言葉を略した言葉です。

広辞苑をひくと「利他」とは、「自分を犠牲にして他人に利益を与えること。他人の幸福を願うこと」と解説されています。

しかし、仏教的な解釈では「自分を犠牲にして」というニュアンスは含まれていません。

自分が我慢しさえしていれば、波風が立たずにうまく回っていく――。

自分が辛くても、まわりの人が楽になるならそれでいい――。

ほんとうは嫌なのに、ほんとうは苦しいのに、その気持ちをごくりと飲み込んで、職場や家庭で、自分以外の人の言動や顔色、気持ちばかりを優先して動いているのであれば、それは決して利行であるとは思えないのです。

ましてや、相手からの感謝や見返りを目当てにしてする行為は、ただの「利他行為のふり」であり、利行でもなんでもありません。

本物の利行、利他とは、喜んで他人に尽くすこと、すすんで他人のためにする行為です。「喜んで」「すすんで」できて初めて「互いに利益をもたらす」ものになります。

仏教用語としての「利益」は「りやく」と読み、一般的に使われている「利益＝りえき」とは少し意味合いが異なります。

「りえき」は、経済活動によって得たもうけの意味で使われていますが、「りやく」は「利ある」です。恵みを与えるさまざまな行為のことであり、その恵みや幸せ自体も意味します。

ですから、『修證義』のお経のなかでは、喜んで、すすんで他人のためになるような行動をすると、お互い幸せになると説かれているというわけです。

コロナ禍の3年間で悲しい経験や辛い思いをされた方もおられるかもしれません。しかし、禅ではマイナスのできごともプラスに変えて考えます。

この3年間は、わたしたちが他者とともに生きる素晴らしさ、さらにはその必要性をあらためて身をもって学んだ時間でした。その期間をくぐり抜けてきた皆さんには、本物の利行をなす土台が築かれていることと思います。

誰も犠牲にすることなく、あなたも幸せに、そしてまわりの方も幸せにしてください。

ほんとうを営む

喜捨（きしゃ）

読んで字のごとく、喜んで施捨することで、一般の人々が、すすんで金品や財物を寄付すること。その見返りを求めない行為。

「経営」は人のためのもの

「利益」が仏語に由来する言葉であると説明しましたが、じつは「経営」という言葉も仏教から来た言葉です。

経営の「経」は、「お経」に由来します。世の中の真理が説かれているものがお経です。お釈迦様が説いてくださった大事なことが書かれているものなので、散逸しないように昔は糸でつながっていました。だから「糸」偏なのです。

つまり「経営」とは、世の中の真理を実践して、人のためになることをやっていくこと。そして、それを続けていったとき、ふと後ろを振り返ってみれば、会社や組織が成り立っていたという意味です。企業の発展は目的や目標ではなく、あとからついてくるおまけ、あるいはご褒美のようなものなのです。

現在では、その順序が逆になってしまっているように思います。会社を成り立たせたい、会社を大きくしたいということが最初にきてしまっている。経営という言葉がまったくちがうものに化けてしまったように感じることが少なくありません。

世の中に貢献した結果、会社の利益や発展につながる――。

このほんとうの意味での経営を貫かれたのが、京セラや第二電電の創業者だった稲盛和夫《いなもりかずお》さんです。

稲盛さんは、京セラを引退してからすぐに、臨済禅に出家されました。しかし得度（剃髪《ていはつ》し、戒律を守る誓いをする儀式）して修行に入ろうとした際、がんが見つかったそうです。手術と治療を経て、稲盛さんは再び京都にある臨済宗妙心寺派の円福寺の門を叩きます。

僧名である大和（だいわ）を名乗り、雲水修行もされました。すでに関西の経済界ではその名も顔も知らない人はいない大実業家の稲盛さん。冬の寒いある日、托《たく》鉢《はつ》をしていたときのことでした。

笠をかぶり、頭陀袋《ずだぶくろ》をさげて素足にわらじを履いた稲盛さんは、先輩の修行僧とともに慣れない托鉢の行に励んでいました。そんな稲盛さんのそばを、仕立てのいいスーツに身を包んだ男性が通りかかりましたが、見て見ぬふりだったそうです。

擦り切れた足の指には血がにじみ、疲れ果てた体を引きずるように寺へ戻る途中、公園を通りかかりました。そのとき公園を掃除されていた妙齢の女性が、躊躇せずに財布から500円を取り出し、頭陀袋に入れてくれたといいます。

稲盛さんは、このときの500円ほどありがたいものはなかったとおっしゃっています。巨額の富を築いた稲盛さんが、生涯忘れ得ぬ感謝の念を抱いたのは、たった500円でした。

笠を脱いで顔を見せて「稲盛です」と言えば、もしかしたら先の裕福そうな男性は、1万円でもいくらでも入れたかもしれません。もしそうだとしたら、あの稲盛さんにお布施をすれば、のちのちいい思いができるかもしれない——、そんな損得勘定が確実に働いていたことでしょう。

しかし公園で出会った女性が喜捨した500円は、純粋な心が宿ったまさに利他の行為でした。その後、稲盛さんは住職から「仏教から得た教えを、もとの世界に戻って実践しなさい」と言われ、経済界へ戻って日航再生やKDDIを成功に導きました。

彼の行いこそ、ほんとうの意味の「経営」です。

お裾分けの喜び

自未得度先度他（じみとくどせんどた）

仏の境地に生きることは、自分本位、自分中心の心を捨て去り、他の人、他の生きもののために尽くすという生き方である。

布施行の本質

災害大国である日本では、災害が起こるたびに、広く寄付が呼びかけられます。また最近ではネットを利用したクラウドファンディングなども盛んになり、多くの人が支援をする側に回る機会が増えました。

日本ファンドレイジング協会の調査によると、2020年の日本の個人寄付推計総額は、およそ1兆2000億円。これは10年前の2・5倍にあたり、日本人の約4・5割にあたる人がなんらかの寄付を行っているそうです。

こうした背景には、ふるさと納税や寄付を後押しする税制の整備もあるようですが、コロナ禍を経て助け合いの認識が高まったという報告も見られます。

一方、内閣府の調査を見ると、社会に貢献したいと思う日本人の割合は6～7割という傾向が続いています。日本人全体で、高い社会貢献意識が醸成されてきている証です。しかし、これらの調査結果を見て、少し疑問も生じました。

同じ条件での調査ではないので、一概に並べて論じることはできないかもしれませんが、実際に寄付を行っている人の割合と、社会貢献をしたいと思っている人の割合に若干の開きがあるのです。

寄付というと、なにかものすごいもの、ものすごい額を差し出さなくてはならないと思っている人が多いのではないでしょうか。そんな考えが頭をもたげてくるので、誰かの役にたちたいという気持ちはあっても、実際に行動に移せない方々がいるのかもしれません。

ここで、少し長くなりますが、再び『修證義』の一説をご紹介したいと思います。

布施《ふせ》というのは貪《むさぼ》らざるなり、我物《わがもの》に非《あら》ざれども布施《ふせ》を障《さ》えざる道理《どうり》あり、其物《そのもの》の軽《かろ》きを嫌《きら》わず、其功《そのこう》の実《じつ》なるべきなり、然《しか》あれば則《すなわ》ち一句一偈《いっくいちげ》の法《ほう》をも布施《ふせ》すべし、此生佗生《ししょうたしょう》の善種《ぜんしゅ》となる、一銭一草《いっせんいっそう》の財《たから》をも布施《ふせ》すべし、此世佗世《しせたせ》の善根《ぜんこん》を兆《きざ》す、法《ほう》も財《たから》なるべし、財《たから》も法《ほう》なるべし、但彼《ただかれ》が報謝《ほうしゃ》を貪《むさぼ》らず、自《みずか》らが力《ちから》を頒《わか》つなり、舟《ふね》を置《お》き橋《はし》を渡《わた》すも布施《ふせ》の檀度《だんど》なり、治生産業《ちしょうさんぎょう》固《もと》より布施《ふせ》に非《あら》ざること無《な》し。

布施行というものは、貪る心をもたず、なんでも自分のものにしたいという思いから離れることが大事ですよと始まります。

とくに注目していただきたいのが「軽きを嫌わず〜」からの部分です。

ここでは施すものが軽い（少ない）は問題ではなく、布施の心こそが大切なものであると説いています。つまり、**些細なものでも差し上げること自体がありがたいこと、そしてそれをいただくのもまた嬉しいことである**と言っているのです。

日本語に「お裾分け」という言葉があります。皆さんよく使われるのではないでしょうか。たとえば、親戚からたくさんリンゴが送られてきたとしましょう。自分の家族だけでは食べ切れない量です。せっかくいただいたのに、腐らせてダメにしてしまうかもしれない。そんなとき皆さんはどうされますか？　親しい方やご近所さんに「お裾分けです」と言って、差し上げるのではないでしょうか。

お裾分けの「裾」は、着物の下のほう、文字どおりの裾を意味します。また、物の下部や端っこを指すこともあるそうです。

「お裾分け」とは、金銭的価値にかかわらず、**〝裾〟をお分けする**という布施行の心をよく表した、素敵な日本語です。こうした独特な言葉があるということは、古くから日本人に布施行の本質が刻まれている証だと、わたしは思います。

そしてお裾分けしたリンゴは、ジャムになって戻ってきたりもします。西洋的な考えだと、１００円のものには、１００円の価値のあるものを返すことになりがちです。金銭的に等価なものをやりとりするのです。

しかし日本では、差し上げたリンゴをコトコトと煮てくれたその時間と思いに大きな価値がおかれます。

ちなみに、寄付という行為は困っている他者を助けるだけでなく、それ以上に寄付した本人の心理的・身体的によい影響を及ぼす可能性があるという有名な実験研究があります。その研究では、与えられたお金を自分のために使ったグループよりも他者のために使ったグループのほうが大きな幸福感の上昇があるそうです。

金銭の損得ではなく、そこには気持ちのやりとりが生じるからでしょう。

こうした気持ちのやりとりは、「お勘定書き」という言葉にも込められています。

外食をしたときに渡される「お勘定書き」は、これだけ召し上がりましたよという勘定が書いてあるものです。そんなことは知っていると思われるかもしれませんが、これは請求書とはだいぶ意味合いが異なるのです。

請求書の場合は、サービスの対価として支払うべき金額が書かれているもの。つまり「お勘定書き」は、食べたものはこれですよ、という報告にすぎません。そのうえで、それならこれだけお支払いしましょうね、という気持ちのやりとりがベースになっています。

今は「お勘定書き」も「請求書」も、あるいは「インボイス」も、同様の役割で使われるようになりましたが、気持ちのうえでは、やはり「お勘定書き」のように双方を思いやるやりとりをしたいものです。

無財の七施

喜色動乾坤（きしょくけんこんをうごかす）

喜びに満ち溢れた人は、天地を動かすほどの力をもっている。いつも穏やかで嬉しそうな顔をしている人のところには、たくさんの人が集まってくる。

布施を循環させる

もう少し布施行の話を続けることにします。

皆さん、もうおわかりのことと思います。金銭を寄付することだけでなく、愛情のこもった言葉を贈ったり、困っているときに手を差し伸べたり、相手の立場にたった言動をしたり、それらもすべて布施行です。

たとえばわたしたちのような僧侶にとっては、生き方やものの考え方を説くことが布施行のひとつといわれています。

先に挙げた『修證義』の一説の最後のほうに、「舟を置き橋を渡すも布施の檀度なり」とありました。みんなが川を安全に渡れるように、舟を置いたり、橋を渡したりすることも立派なお布施であるという意味です。

そしてその恩恵を受けた側も、「但彼が報謝を貪らず」——貪ってはいけません。

このことを頭に留めて暮らしを見回してみれば、いくらでもお布施のチャンスはあります。お金がないから布施ができない、寄付ができない、利他ができないわけではありません。

無理をせず、できる範囲で、まわりの人の助けになることがないか目を向けてみてください。たとえば自分の家の前を掃除することだって、立派な布施行です。

仏教では心を込めて布施を施すことは、もっとも大切な修行のひとつとされています。

そして財産がなくとも、あるいは仏教のことを知らなくてもできる七つの施しのことを「無財の七施」といいます。

一　眼施（がんせ）——やさしい眼差しで人に接する

二　和顔施（わがんせ）——にこやかな顔で人に接する

三　言辞施（ごんじせ）——やさしい言葉で接する

四　身施（しんせ）——自分の体でできることを奉仕する

五　心施（しんせ）——他者のために心をくだく

六　床座施（しょうざせ）——席や場所をゆずる

七　房舎施（ぼうじゃせ）——自分の家を提供する

これらの七つのお布施は、貧富の差なく、どなたにでもできるものです。差し上げたら、あなたのもちものやお金が減るわけでもありません。それどころか、大きな喜びが返ってきます。

こうしたお布施がぐるぐると循環する世の中になれば、なんと幸せなことだろうと思います。

朗らかに人生の坂道を下る

諸悪莫作　衆善奉行
（しょあくまくさ　しゅうぜんぶぎょう）
諸々の悪をなすことなく、諸々の善を行え。「七仏通戒《しちぶつつうかい》偈《げ》」のなかの第一句で、仏教の根幹を説く言葉。釈尊以来伝えられている偈のなかでも、最も重要なもののひとつ。

一歩の成長よりも半歩の成長

「わたしが、わたしが」という自我を捨てることを目指すのが禅の教えであると、わたしは本書をとおしてずっとお話ししてきました。そしてこの自我をめぐる課題は、個人レベルではなく、もっと大きな地球規模の環境問題にもつながっているように思います。

たとえば、世界で年間800万トンも発生しているプラスティックゴミ。そのうちの2~6万トンが日本から流出されているそうです。海洋ゴミのなかでもとくにプラスティックゴミは、長い年月海中に漂い続けるといわれ、このままだと2050年の世界の海には、魚よりもゴミのほうが多くなってしまうと危惧されています。

こうした現状を背景に、レジ袋が有料化されたのは記憶に新しいところ。それからおよそ4年、買いものの際にエコバッグを持参する人を多く目にするようになりました。国や自治体、企業レベルではなく、一人ひとりの意識や行動が大切であるという呼びかけの結果だと思います。

我々人間が、もっと、もっとと発展を望み続けた結果、わたしたちの暮らす地球がもう限界に来ていることに多くの人たちが気づいています。

それでもなお、〝少しの成長〟よりも〝飛び抜けた成長〟を求める心、ひとり勝ちしたい心を抑えて生きることは、なかなか難しいのだとも日々感じます。

突出した発展は、必ずどこかに無理がかかります。大きな富を得て大笑いしている人の陰には、泣いている人がいます。誰かが大勝ちすれば、どこかの誰かが大負けをしているわけです。

そうではなく、みんなが少しだけ、**一歩といわず半歩ずつ前に進めるような社会**にできたらなと、思うのです。


日本のバブル景気を経験した50代以上、高度経済成長期に恩恵を受けた70代以上の方々にこそ、理想的な社会の見本になっていただきたいと心から願います。

「もっと、もっと」を追い求め、現在の豊かな日本を築いたこの世代は、これからご自分の老いと向き合っていかれます。これまでお話ししてきたように、さまざまな局面でできないことが増えていくことでしょう。

そんな下り坂にも思える日々を、小さな達成、半歩の成長を喜びながら、朗らかに暮らしていけたなら——。

その姿は、現役を引退したからこそできる、若い世代への大きな贈りものになるはずです。

どんな下り方をすれば、その道が後世の人たちの道標になるのか考えてみることは、先達としての最後の大仕事なのかもしれません。

大きな円を未来へつなぐ

牛飲水成乳　蛇飲水成毒
（うしののむみずはちちになり　へビがのむみずはどくとなる）
同じ水を飲んでも、かたや乳になり、かたや毒となる。
この世の真理は一つであるが、その作用はじつに多様なものである。

ともに生きるということ

もしかしたらこれからお話しすることは、聞きたくない内容になるかもしれません。でも、ぜひ耳を傾けてください。

我々人間は、地球は自分たちのもので、都合のいいようにしていいという意識があったのだと思います。

もっと言えば、すべての地球の資源を経済活動に交換してしまっていいというくらいの傲慢さがありました。

しかしそれが大きなまちがいだったということは、多くの人がすでに気づいています。

「共生（きょうせい）」という言葉がさまざまな分野で使われるようになりました。

たとえば生物学や生態学の領域で使われる場合は、異なる種の生物が生理的、あるいは生態的に緊密な結びつきを保ちながらともに生活している現象のことを指すそうです。

ヤドカリとイソギンチャクのように、両種ともに利益を与え合う関係を相利共生、サメとコバンザメのように片方の生物だけが利益を受けて、もう一方には利害がないと考えられるものを片利共生と呼びます。

仏教でも「共生」という言葉は使われます。「きょうせい」ではなく、「ともいき」と訓読みされるのですが、**すべてのものは関係し合って存在しており、過去から現在、そして未来へとつながっているものとする考え方です。**

人間は個人個人、みんな別人であるから、各々がバラバラに存在していると考えます。プライバシーが重視されるようになった近年では、マンションの隣室にどんな人が住んでいるのかわからないことも多々あります。

また世界のあちこちで起きている戦争や内戦、悲惨なテロなども、自分とは関係のないできごとのようについ思ってしまうこともあるでしょう。

しかし、すべての生命の連綿としたつながりへと思いを馳せ、「共生（ともいき）」へと目を向けてみましょう。

仏教では、わたしたち人間を含め、あらゆるものは無限に広がる関連のなかに成り立っていて、なにひとつ単独で存在しているものはないと考えます。**天地一切のものは、すべてつながりをもって、互いに支え合って存在している——「万法一体」である**と説くのです。

この考え方に立つと、世界はすべてつながっていることになります。人間だけでなく、草木も動物も鉱物も、山河も、天地も。そのすべての集まりが地球、そして宇宙ということになるのです。

円を思い描いていただくとわかりやすいかもしれません。円は点の連続によってつくられています。その点のひとつが自分だと考えてみてください。もし円から、この一点が欠けてしまえば、つながりは途絶えて、もはや円ではなくなります。同様に考えれば、わたしが存在していてはじめてこの地球が成り立っているわけです。つまり、地球と自分は一体ということになります。

そして逆もしかりです。わたし自身も地球の一部。

わたしたち人間は、ほかの生きものや植物とともに、地球の上に生かしていただいている、地球の一員という立場にすぎません。

もしかしたら50代以上の方たちは、深刻化していく地球環境問題から逃げ切れてしまうかもしれません。あと20年、30年くらいは、地球はなんとか持ち堪えてくれるのではないかと思うからです。

しかし、仏教の「共生」の視点で考えていただきたいのです。これから生まれてくる子どもたちは、2100年以降の地球を生きる世代になります。彼らは防護服のようなものを常時身につけないと、この地球に住めなくなっているかもしれません。SF小説のように聞こえるかもしれませんが、決してフィクションではありません。現実として、そんな危機がすぐそこまで来ています。

過去から現在へとつながれてきた大きな円を未来へとつなぐ役割は、この時代を生きるわたしたちの手にかかっています。

逃げ切れるかもしれない世代と、被害をこうむるかもしれない世代。両者が共存しているのが現在という時代です。

そうであるならば、わたしたちは決して、我がもの顔でこの地球に生きているわけにはいかないでしょう。

「地球に生きている」のではなく、「地球に生かしていただいている」と意識を転換すれば、ゴミの捨て方や食材の使い方など、いたるところで日々の暮らしに対する姿勢が変わってくることと思います。

そうした小さな気づきの積み重ねが、未来の生きとし生けるものすべてと共生するための一歩になっていくはずです。

すべてを使い切る

杓底一残水　汲流千億人
（しゃくていのいちざんすい　ながれをくむせんおくのひと）

道元禅師は、毎朝仏様に供える谷川の水を汲むとき、柄《ひ》杓《しゃく》の底に残った水を下流の人々のために必ず谷川に戻したという。ものを大切にし、陰徳を積むことの大切さを説いている。

一本の大根も無駄にしない

「キョウイクとキョウヨウ」のところ（↓132ページ）で、この世に生を享けた者はすべからく、生き切ることが肝要とお話ししました。そう意識して暮らしていくと、料理をはじめ、暮らしのなかの一挙手一投足が変わってくるのではないかと思います。

禅寺では、食材を捨てることはほとんどありません。たとえば大根。葉の部分はお味噌汁の具にします。皮は刻んで、きんぴらに。しっぽの部分は、天日で干して出汁にします。禅寺では野菜の食べられない部分はみんな干して、しいたけや昆布といっしょに出汁にするのです。甘く滋味豊かな、とてもいい出汁になります。

わたしたちは、地球に生かされ、そこに生きる動植物に生かされているわけです。だからこそ、まわりの生命を一分たりとも無駄にせず使い切るべきです。

結果として、フードロスは減り、ゴミもあまり出なくなります。食材を使い切るように意識することは、マンションにお住まいの方にもできることだと思います。

うちのお寺は少し場所があるので、出た生ゴミはすべて埋めています。そうすると肥料になって、新たな生命を育む土壌になってくれる。小さな規模ではありますが、社会負担の少ない循環サイクルが生まれます。

今この時代に暮らすわたしたちは、冷蔵庫のような便利な道具をもっています。工夫しだいで野菜や魚、肉の生命はずっと使い切れる時代になりました。習慣の動物である人間が一度、便利なものを手に入れた以上、不便な時代に逆行することは簡単なことではないうえに、ナンセンスでもあると思います。

冷蔵庫や冷凍庫、掃除機――最近はもう「ルンバ」でしょうか――。そうした便利な道具を使ってはいけませんなどとは言えません。まかせるところは、機械にまかせてOKです。それでもシンクをきれいにしたり、テーブルや机の上の整理整頓をしたりなど、まだまだわたしたちの手を使わなくてはいけない部分はたくさん残されています。

そして、道具がいくら進化しようが、どう頑張ろうが決してできないのは、「**感謝して使い切る**」という気持ちのありようではないでしょうか。この部分こそ、わたしたち人間の出番です。

２０２２年に行われた環境問題への意識調査では「環境や社会のことも配慮した行動をとるべきだと思うか」という問いに対して、全体の６割弱の人が「とるべき」と答えました。

面白いことにさらに年代別に見ていくと、20～50代は、50パーセント台にとどまるものの、16～19歳では68・５パーセントの若者が「とるべき」と答えています。これは、70代の68・９パーセントに迫る数字です。

環境問題に関して自分ごととして危機感を抱き、積極的な活動を起こし始めている若い世代の姿も多く目にするようになりました。これまで地球の資源を使ってきたのは、わたしたちの世代です。このまま負の遺産を次の世代に残したままで、ほんとうにいいのでしょうか？　恩恵を受けてきた我らの世代は、日々自問自答しながら、若者たちの行動や意見にも耳を傾け、情報をアップデートしていく必要があるように思うのです。

前向きな整理の始め方

而今（にこん）

絶対の生命の真実は「今」しかない。であるからこそその「今」を大事に生きなければいけない。

気力、記憶力、判断力があるうちに

年間5、6名の方から、生前に戒名をいただきたいとご相談を受けます。おひとりで暮らしている方や独身の方が増えるにしたがって、こうしたご相談件数も比例するように増えているように感じています。

15、6年前にご相談を受けた女性も独身の方でした。ご両親はうちのお檀家さんでしたが、もう二人とも亡くなられていました。ひとりっ子でお子さんもいらっしゃらない。ご自分のお仕事に誇りをもって打ち込んでいらっしゃる女性ですが、あるときふと不安になられたそうです。

もし自分がどこかで行き倒れてしまったら、誰がここへ、両親の眠る墓地に運んでくれるのだろうかと――。

そんなご相談を受けて、ご戒名を授与し、永代供養の手続きなどすべてわたしたちのお寺でさせていただきました。うちは、ご戒名を授けた方には、万一このカードの保持者が亡くなられた場合、当寺に連絡をくださいと記したカードを差し上げています。それを名刺入れなどに入れて携帯していただけば、万一の場合でも間違いなく連絡をいただくことができます。

じつはこんな事例がありました。

ご主人に先立たれ、お子さんもいらっしゃらないお檀家さんがご自宅でひとり亡くなられました。一軒家だったこともあり、なかなか気づかれず、だいぶたってから発見されました。親戚づき合いもなかったようで、御遺骨は役所に保管され、建物も競売にかけられ、取り壊されることになったそうです。

解体工事のために家に入った業者さんが、仏壇があることに気づき、どうしようと思って引き出しを開けたら、うちのお寺の資料が出てきたと。慌てて、お寺に電話がありました。市や任命された弁護士さんもちゃんと検分されていたのでしょうが、たまたま見落とされてしまったのでしょう。火葬されて1年ほど経過した頃のことでした。

あと2年もすればお骨も処分されてしまっていたギリギリのところで、ご主人と一緒のお墓にお骨をお納めすることができたというわけです。

少子高齢化が進む現代、こうしたケースは今後、増えていくでしょう。もちろん家族がいる方でも、万一のときに残された人が困らないように、遺言を公正証書のかたちで作成しておくなど、元気なうちに準備を始められるといいと思います。

わたしは皆さんに、気力、記憶力、判断力があるうちにこうした準備をしておいたほうがいいとお伝えしています。このうちのどれかが失われてくると、整理が格段にはかどらなくなります。少し早いかもと思っても、いつそのときが来るかはわからないもの。最後の旅支度を整えることは、思いのほか充実した時間になるものです。

司法書士さんや弁護士さん、片づけ業者の方に土地や建物などの売却をお願いするのであれば、売却したそのお金をどうするかというところまで決めておきましょう。そうでないと、すべて国のものになってしまいます。もし、相続する親族がおられないようであれば、ご自分がここぞと思う団体などに寄付をすることもできます。寄付をすることで、遺志が受け継がれていきます。

こうした準備をするなかで、自分がなにを大事にして生きてきたかということもきっと浮き彫りになってくることでしょう。人生の終盤にこうした時間をもつことは、これまでの日々を肯定するような気分にもなれると思います。

10年くらい前から整理を始められた、高齢の女性のお檀家さんがいらっしゃいます。ご自分の着物をクッションカバーなどに作り替えて、達筆のお手紙を添えて親しいまわりの方に差し上げています。捨てるのではなく、知っている方に使ってもらえるのが嬉しいそうです。うちのお寺にももってきてくださいました。

また彼女は庭仕事もお好きでしたが、だんだん世話ができなくなってきてからは、球根などもよくもってきてくださいます。

もちものを整理していくというのは、ちょっと寂しい作業に映るかもしれませんが、彼女を見ていると人とのつながりがむしろ増えているようなのです。彼女のそんな姿をとおして、積極的な整理は逆に人をどんどん元気にさせる効果があるのではないかとすら思えるようになりました。楽しそうに整理をされている彼女は94歳になられました。そして、まだまだお元気です。

死はどんな人にも必ずやってくるものです。ある程度お元気なうちに、準備を始めると安心ですね。定年退職後、時間がありすぎてなにをしていいかわからない、ついしょんぼりしてしまうなんていう話も聞きますが、そんなときこそチャンスです。これまで仕事に使っていた時間を、満足いく最期を迎える準備のために使うのは、とても前向きな過ごし方だと思います。

いざ手をつけてみると、手間や時間もかかり、そしてそれ以上に頭も使います。**自分で行う人生の〝終い支度〟は、じつのところ最大の老化防止になるのではないかと思います。**

そこに必要なのは、前向きな気持ちだけです。

人生はいつでも、これから

遊戯三昧（ゆげざんまい）
損得などに関係なく、なにかに夢中になり没頭し、そのものに成り切ること。

余りの人生なんてありません

人生100年時代という言葉はイギリスの学者であるリンダ・グラットン氏とアンドリュー・スコット氏の共著『LIFE SHIFT 100年時代の人生戦略』がきっかけで広まりました。本書では、2007年に生まれた日本の子どもは107歳まで生きる可能性が50パーセントあるという研究が紹介されています。

実際、90歳になられるお檀家さんのおひとりは、現役でまだお仕事をされていいます。一度は引退をされたのですが、まわりからその高い技術を望まれて結局は続けることに。

ご本人は「もう仕事はいいと思っているのですがねえ」とおっしゃいますが、先日も長野まで出張に向かわれたそうです。背すじもピンとされているし、耳も遠くない、もちろん頭もしっかりされています。さすがだなあ、すごいなあと思います。

90歳の方のそんな姿を見せられると、わたしもあとひと頑張りも、ふた頑張りもしなくてはと励まされます。人生100年時代と考えると、たとえば70歳の方は、まだ30年もあるわけです。

30年というと、おそろしく長い年月です。おぎゃあと生まれてきてから、30歳になるまでと同じ年数。この期間に、いったいどれほどの経験をしてきたでしょうか。

ですから、決して余生などという言葉は使ってはダメなのです。

余っている人生などありません。

そう考えると、ただのほほんとは暮らせなくなります。知力と体力をどう維持していくかという努力が必要になります。

若い頃の10年、20年というのは、100人いたらさほど変わらない成長を見せます。しかし60歳、70歳を過ぎたあたりからの10年、20年は、意識している人とそうでない人の差が、ものすごく出てしまうものです。

もうひとつ、お檀家さんの例をご紹介しましょう。若い頃から土いじりがお好きだったその方は、定年退職をされてから畑を借りて、念願の畑仕事を始めました。最初は3、4坪くらいの畑で趣味として小さく始めたそうです。しかしどんどん夢中になっていったところ、たまたまご縁があって、もっと大きな畑でやることに。

そうすると今度は、ご自宅では食べ切れないほどの量の野菜ができるようになってしまいました。ご近所に分けていたら、またご縁がつながり、近所の八百屋さんで商品として売るまでになったそうです。

「あれよあれよという間に、ほんものの農家みたいになっちゃいましたよ。でも、今がいちばん楽しいです」と笑いながら話してくださいました。

この方のお話を聞いていると、余生ではなく、こっちがほんものの人生だとつくづく思います。

ほんものの気づき

本来面目（ほんらいのめんもく）

本来の自分の姿は清らかで、尊いものだ。人間に善悪や是非などの二元的意識が生まれる前の、根本的で純粋な自己の存在をいう。

「つもり」にだまされない

最後に皆さんにお伝えしたいのは、ほんものの「気づく」という体験を重ねていっていただきたいということです。

禅には「不立文字　教外別伝　直指人心　見性成仏」という言葉があります。悟りの境地は、文字や言葉では決して伝えられるものではないという禅宗の根本姿勢を示す言葉です。

禅門以前の仏教では、お釈迦様の教えをさまざまなかたちで分析し、経典に書かれている文言を究めた人たちが中心になって、仏教の教えを説いていました。

一方、禅では、真の仏法は、文字や経典によるものではなく、師から弟子へ、心から心へと伝えられるものであるとして、体験を重んじます。言い換えれば、経典や知識だけに頼ってはいけないというのが禅の姿勢です。

さすれば、これまで本書のなかで、わたしが皆さんにお話ししてきたことも、文字のうえでのこと。読んだり、聞いたりしただけで終わりにするのでは、意味がありません。

知っている「つもり」、気づいた「つもり」は、じつはとてもおそろしいもので、人から実際に行動する力を奪っていきます。

自分の体を使って体感して、腑に落としてはじめて、錯覚ではないほんものの「気づき」が訪れます。

京都に龍安寺というお寺があります。ここの石庭は世界的に名高く、日本の方々だけでなく京都を訪れる多くの外国人観光客にも人気のスポットです。

素朴な油土塀に囲まれたわずか23メートル×9メートルの石庭は、一面に白砂が敷き込まれ、大小さまざまな大きさの15石を配しただけの簡素なものです。それにもかかわらず、配石の余白から放たれる緊張感とエネルギーは計りしれません。

海外で講演をすると、「龍安寺の石庭がどうして素晴らしいのかわからない」という質問を受けることがあります。そんなとき、わたしは実際に訪れた経験があるかを確認し、もし訪れたことがある方であれば、「石庭を眺めたとき、歌を歌いたいような気持ちになりましたか？　踊りたいような気持ちになりましたか？」と尋ねるようにしています。

答えは必ず「いいえ」です。

続けて「石庭を前にしたとき、あなたはどのような行動をとりましたか?」と尋ねれば、ほぼ全員が「しばらくのあいだ、広縁にじっと坐って庭を眺めていました」と答えます。そして「その時間は、なぜかとても気持ちがよかった」とお話しされるのです。皆さん、知識や理屈ではなく、体で答えをご存じなのです。それで十分だと思います。


森羅万象のなかでわたしたち人間がほんとうに気づくことができるものは、ごくわずかなものかもしれません。

しかし、数多《あまた》の「気づいているつもり」よりも、ひとにぎりの「ほんとうの気づき」を手にしたほうが、人生はずっとずっと豊かなものになると、わたしは信じています。

おわりに

先日、数年ぶりに海外出張へ赴きました。２０２０年に突如始まったパンデミックの影響で、海外からご依頼を受けていた庭園デザインの仕事もオンラインを通じてやりとりをすることを余儀なくされた数年でした。

再び海外へ出かけられるようになったことに安堵すると同時に、世界各地で現在進行系で起こり続ける悲惨な戦いに胸が痛みます。

わたしは禅僧であると同時に、庭園デザイナーという仕事をしています。その発端は幼い頃に父に連れられて訪れた京都、龍安寺の石庭にあります。

当時、現在わたしが住職を務める建功寺の庭は、荒れ果てていました。それをいいことに子どもだったわたしは、庭を走り回る毎日を送っていました。

しかし、初めて龍安寺の石庭を見たとき、その緊張感と美しさに大きな衝撃を受けてしまったのです。

同じ禅寺の庭にもかかわらず、うちの庭とこの庭とのちがいはいったいなんなのだ——。

以降、「禅の庭」の〝魔法〟にとりつかれたまま、気づけば数十年もの月日が流れました。


龍安寺の石庭の美の秘密は、余白にあります。余白は字のままに解釈すれば、余った白地の部分となりますが、そんなに単純なものではありません。余白は単なる空間ではなく、むしろ積極的につくりあげられた空白の場です。

「禅の庭」の多くは、石組みと白砂で構成されています。石の勢いを「気勢」、あるいは「石心」とも呼びますが、石を据える際には、石それぞれがもつ気勢のバランスに細心の注意を払います。石と石のあいだには、目には見えない力関係が存在し、石の大きさやその関係によって、どの程度の距離をもたせて配するかがとても重要になってくるのです。石と石をどのように配置するか、石同士の間隔をどうするかによって、庭そのものの表情がガラリと変わります。

そして、これ以上削ぎ落とすことができないところまでに至ってはじめて、「禅の庭」には必然性のみが残り、ものごとの本質が立ち現れてくるのです。

これはなにも庭づくりに限ったことではありません。皆さんの日々の生活においても同じことがいえると、わたしは思うのです。

身のまわりに溢れる物質や情報、さらには地位、役割など、さまざまなものが、それぞれの〝気勢〟を放ちながら、皆さんの「心のなかの庭」にぎゅうぎゅうと詰め込まれてはいないでしょうか？

本来皆さんの内には、一点の曇りもない鏡のような美しい心が存在しています。その心に、余白のある凛としたたたずまいの庭をつくっていただきたいと願い、ここまでわたしは本書を綴ってきました。

本書では多くの禅語もご紹介しました。禅語とは、禅門に伝わる独特の言葉のことです。厳しい修行に打ち込んだ禅僧たちが「本来の自己」に目覚めたあとの、自由な境地から発せられた言葉が弟子から弟子へと受け継がれ、今日に伝えられました。こうした禅語には、それぞれに深い意味と味わいが宿っています。また、その日の心の状態や置かれた状況によって、同じ禅語でも語りかけてくるメッセージや印象が異なるのも興味深いところです。

本書でご紹介した禅語のなかで、ひとつだけでも皆さんの心を励ますことができるものがあれば、とても嬉しく思います。

人生100年時代といわれるようになりました。老いをおそれながら生きていくには、あまりにも長い時間です。

「喫茶喫飯《きっさきっぱん》」という禅語があります。茶をいただくときには、茶を飲むことそのものに成り切り、飯をいただくときには、飯をいただくことそのものに成り切ることを説いた言葉です。

「成り切る」というのは、いうなれば時間に対して自分自身が主人公になるということ。つまり、仕事をするときは仕事に没頭し、遊ぶときは遊ぶことに没頭する。自分がしているひとつのことに没頭し、全力投球する日々を送ることで自分の軸が整い、心は解き放たれていきます。

このことを、心の片隅に留めておいていただくと、これからの人生後半を生きていかれる際の杖になるかもしれません。

歌人として知られる良寛《りょうかん》さんがじつは曹洞宗の禅僧であったことは、意外に知られていません。修行ののち、諸国を行脚して故郷の出雲崎（新潟県）に戻った良寛さんは、晩年故郷で自然に親しみながら、清貧をよしとして暮らしました。最後に多くの人に慕われた、この禅僧の和歌をご紹介して筆をおくことにいたします。

かすみたつ　長き春日を　子供らと
手まりつきつつ　今日も暮しつ

令和6年2月

合掌
枡野俊明

本作品は当文庫のための書き下ろしです。

枡野俊明（ますの・しゅんみょう）

1953年神奈川県生まれ。曹洞宗徳雄山建功寺住職、庭園デザイナー、多摩美術大学名誉教授。大学卒業後、大本山總持寺で修行。「禅の庭」の創作活動を行い、国内外から高い評価を得る。芸術選奨文部大臣新人賞を庭園デザイナーとして初受賞。ドイツ連邦共和国功労勲章功労十字小綬章を受章。2006年『ニューズウィーク』日本版「世界が尊敬する日本人100人」に選出される。おもな作品にカナダ大使館庭園、セルリアンタワー東急ホテル日本庭園など。

主な著書に『人生を整える禅的考え方』（だいわ文庫）、『仕事も人間関係もうまくいく放っておく力』（知的生きかた文庫）、『心をととのえるスヌーピー』（光文社）などがある。

だいわ文庫

捨《す》てること、離《はな》れること

著者 枡野俊明《ますのしゅんみょう》

二〇二四年三月一五日第一刷発行

発行者 佐藤 靖

発行所 大和《だいわ》書房

東京都文京区関口一―三三―四 〒一一二―〇〇一四

電話 〇三―三二〇三―四五一一

フォーマットデザイン 鈴木成一デザイン室

本文デザイン 水戸部 功

編集協力 橋本裕子

本文印刷 シナノ印刷

カバー印刷 山一印刷

製本 小泉製本

ISBN978-4-479-32084-5

乱丁本・落丁本はお取り替えいたします。

https://www.daiwashobo.co.jp